U0923508

# 纵横天下

## 话说《战国策》和当代中国外交

吴建民著

上海世纪出版集团
上海故事会文化传媒有限公司

作者吴建民（肖像摄影：张建设）

2011年9月16日，作者（前排右二）出席企业家俱乐部为时任美国驻华大使骆家辉（前排中）举行的午餐会后合影

作者与夫人施燕华合影

# 目录

序
言



# 外交离你并不远

2003年我到央视去做节目，谈外交问题。在主持人向我提问之前，放了一个短片——央视记者去采访北京大街上的路人，问他们如何看外交。第一个路人的回答是：外交挺神秘的。第二个路人的回答是：外交挺贵族的。第三个路人的回答是：外交吃宴会。我看了这个短片后感到，央视记者虽然是在大街上随意采访，但这三个回答却很有代表性，反映出中国老百姓觉得外交离他们太远。

自2003年央视对我采访以来，十多年过去了。在过去的十多年里，随着中国与世界的关系越来越密切，我注意到出现了几个很有意思的现象：一是专门谈国际形势的媒体颇受欢迎；二是老百姓对国际形势越来越关注，我本人收到越来越多的邀请，要我去全国各地讲国际形势；三是国内关于国际形势的各种研讨会层出不穷。这些现象的背后意味着人们对于国际形势和中国外交的关注程度在上升，外交与他们的距离在缩短。

2013年年底和2014年年初，国际上和中国国内都出现一股对比历史和现实的风潮。国际上是拿1914年和2014年相比较，认为二者何其相似乃尔。国际主流媒体连篇累牍地发表文章和评论，其核心内容是：1914年前，欧洲各国特别是英国和德国之间的经贸往来频繁，利益交融，欧洲是一片和平繁荣的景象，谁也不想打仗。英国作家诺曼·安吉尔（Norman Angell）在1910年出版的《大幻觉》（The Great Illusion）一书中指出："欧洲的经济已经如此相互交融，发动战争已经没有什么意义了。"然而，严酷的现实是，1914年7月28日第一次世界大战爆发了，这是迄至当时人类历史上打得最惨烈的战争。

2014年1月22日，日本首相安倍在达沃斯世界经济论坛年会上称：要注意一战的教训。英国与德国在一战前贸易往来非常密切，但还是发生了战争。中日两国今天的处境有相似之处。安倍这番讲话助长了国际上将历史与现实比较的风潮。

美国学者米尔兹海默认为如果未来5年内中日之间打起来，他并不会感到惊讶。同时他还认为中美之间的对立比昔日美苏之间的对立更加不稳定，因为中美之间的潜在争端更多。

2014年适逢甲午海战120周年，中国国内也兴起了一股将甲午海战时的中日关系与今天的中日关系进行比较的热潮。有的杂志以《假如甲午再战》为题，发表了封面文章和系列报道。有人说，1861年到1894年的洋务运动，是中国近代史上出现的第一次强劲的经济发展势头，这个势头被甲午海战给破坏了。1927年到1937年，中国的经济曾经出现了第二个强劲的增长势头，这个势头被1937年中日全面战争的爆发打掉了。中国自1978年改革开放以来经济持续快速增长，是中国近代以来出现的第三个强劲的发展势头，人们担心这个势头会不会被一场突如其来的中日战争所打断。

与此同时，中国国内的媒体上众多军事专家大谈战争、比较有关各方武器的优劣，以及战争爆发后会出现什么样的可能性等等，从来没有像今天这样作者在日本与学者会面。

热烈。我在国内与各地的各界人士接触，人们纷纷问我："吴大使，是不是要打仗了？"这是最近30年我第一次听到这样的问题。

上述情况是发人深思的，今天的世界真的是战争一触即发的世界吗？不对，今天的世界处在以和平与发展为主题的时代。这与100年之前的世界是完全不一样的，当时的世界处在战争与革命的时代。时代主题变了，这是国际关系中最大的变化，有些人看不到这一点。2014年5月，我参加了日本NHK组织的全球连线的辩论会。在会上有日本学者又重复了2014年与1914年十分相似的观点，我发言表示完全不同意这个说法，指出这个说法看不到时代主题的变化，看不到100年前与今天世界的差别。我强调差别至少有三条：

一是100年前没有核武器；二是在可预见的将来，看不到大国爆发战争的可能性；三是进入21世纪国际关系中出现了一个新的变化，那就是战争的威力下降了。在人类历史上，战争曾经是威力无比的，国与国之间出现了分歧，通过外交途径解决不了，那就诉诸武力。战争解决一切问题，交战双方也都认了。然而今天，在21世纪美国发动了阿富汗战争和伊拉克战争，解决了什么问题？什么问题也没有解决，反而给美国带来了无穷无尽的烦恼。

我提出上述看法后，日本的学者未能进行反驳，与会的美国、欧洲、俄罗斯的学者也都不赞成2014年很像1914年的说法。

世界在变，像我们这些天天在观察世界、天天在研究世界变化的人，毕竟是极少数的。世界上的多数人，不研究国际问题，不去思考国际关系的变化。对于他们来说，存在着一个很大的危险，那就是惯性思维。

人总是生活在惯性之中，20世纪很长的时间里，世界是在战争与革命为主题的时代中度过的。人类经历了两次世界大战、众多的革命和长达40多年的冷战。在中国，"阶级斗争为纲"统治了几十年。那时候的游戏规则是零和游戏，我胜你败，我赢你输，我得你失。零和游戏在人类历史上存在了几千年，形成了强大的思维惯性。人们容易拿过去多年形成的思维惯性来看待今天的世界。

中国政府是十分清醒的，习近平主席就职以来，在多次国内和国际场合的讲话中，强调中国将始终不渝坚持走和平发展道路，强调和平、发展、合作、共赢是我们时代的潮流。这是十分必要的，也是十分及时的。

战争与和平，与外交密切相关；战争与和平，关系到每一个人。在1840年鸦片战争以来的170多年的时间里，过去30多年是中国所经历的最和平的时期。我们过去30多年的大发展是与和平环境密切相关的，没有和平我们的大发展就不可能实现。

中国过去30多年的大发展，使得中国与世界的交往和联系大大密切了。2013年中国就有近1亿人出境，走向世界。我们与世界的交往达到了如此的规模，这是中国几千年的文明史上前所未有的。

2012年4月11日作者在北京市十一学校讲课。

外交离你并不远

随着中国与世界交往的密切，不管你是否意识到这一点，外交正在悄然地走近每一个人。

我国的媒体经常讨论如何塑造中国的国际形象。毫无疑问，领导人、政府官员包括外交官都在参与中国国际形象的塑造。但是，参与塑造中国形象的不仅仅是上述这一批人，每一个与世界接触的中国人都在参与。

1994年，我和我的夫人施燕华分别到荷兰和卢森堡去担任大使。有一天，施燕华对我讲了丹麦驻卢森堡大使的儿子到中国旅游的故事。

丹麦大使对他儿子说："世界正在发生深刻的变化，变化最快的是亚洲，特别是中国。你要想了解世界的变化，你应当在暑期到中国去看一看。"丹麦驻卢森堡大使是一个老资格的外交官，他深知要了解一个国家，必须深入该国的实际，与该国的民众接触。所以他安排他儿子暑期到中国去旅游，不是让他一路坐飞机，住五星级饭店。相反，让他在中国旅游期间，多坐火车，多与中国公众接触。

丹麦大使的儿子按照他父母的意见，就在暑期到中国来旅游了。90年代中期的中国，绿皮火车上是没有空调的，丹麦大使的儿子在中国白天旅游，晚上上了绿皮火车，同中国的老百姓坐在一起，乘的是硬座车，而不是卧铺。夏天绿皮火车挤得满满的，丹麦大使的儿子坐在中国老百姓中间。他看到由于天气热，中国人鞋脱了，袜子也脱了，在座位上呼呼大睡。他跑了一天，也十分疲劳，天气太热了，他也就入乡随俗，鞋也脱了，袜子也脱了，坐在椅子上睡着了。一觉醒来，想穿鞋子和袜子，发现袜子不见了。扭头一看，他看见座位旁边有人系了一根绳子，把他的袜子洗干净了，晾在那里。他抬头一看，看到一位中国的老妈妈，她没有睡，

2003年底，作者当选为国际展览局主席。

对他笑了一笑。丹麦大使的儿子一下子全明白了，是老妈妈把他的臭袜子洗干净了，晾在那里。

我想这位老妈妈看见这个洋人男孩子，可能想起他的儿子。孟子说："老吾老，以及人之老；幼吾幼，以及人之幼。"她也就把这双袜子给洗干净，晾在那里。丹麦大使的儿子被感动了，他回国后把这个故事告诉他的父母，他的父母也被感动了。他们逢人便讲述这个故事，说中国人真好，真善良。

我想这位中国的老妈妈大概从来没有想过要塑造中国国际形象，但是她的这一行动，却在参与塑造中国的国际形象。

什么是一个国家的国际形象，我想那就是这个国家在外国人头脑中的印象。这个印象是如何形成的？当然，外国人通过阅读可能形成一定印象。但更重要的是，外国人通过观察中国领导人和官员在国际上的言谈举止，以及与中国国民接触中形成的。一个国家在别人头脑中的印象，是具体的而不是抽象的。从这个意义上说，每一个同外国人接触的中国人都在参与中国国际形象的塑造。

中国的旅游者正在走向世界，中国的旅游者到了海外很愿意去购买名牌。统计数字表明，中国旅游者的海外消费是最多的，这当然受到到访国的欢迎。中国旅游者的消费，有利于他们经济的发展。另一方面，中国部分旅游者不文明的行动也引起到访国公众的不满。诸如，喜欢大声喧哗，不顾场合到处吸烟，乱扔垃圾，让小孩随地大小便，有的还愿意在售货员面前显富。这些不文明的行为虽然是少数人干的，但带来的结果是中国的国际形象受损。这个问题已经引起了中国有关部门的注意，正在加强对出境旅游的中国游客的思想教育，这是十分必要的。

外交离你并不远

为什么塑造中国的国际形象十分重要呢？是因为在与别人打交道的过程中，你给对方留下的印象就是对方决定对你采取何种态度的依据。如果你彬彬有礼，对方对你就有好感，就会对你采取欢迎的态度；反之，人们就会对你敬而远之。我们中国人给对方公众留下的印象，也会影响决策者，这当然就涉及到外交。

中国的企业正在走向世界，中国的GDP目前约占全球的10%，然而中国在海外的投资仅占全球海外投资总量的3%。可以预期，在今后10年至20年内，我们会迎来中国企业走向世界、去海外投资的热潮。

企业走向世界，不仅是经济问题，也涉及到外交问题。

赵启正同志主编的《跨国经营公共外交十讲》一书中，以简明生动的语言，记述了温州鞋企在西班牙从挫折走向成功的案例：

2004年9月，对于西班牙的温州鞋商来说，有一段刻骨铭心的记忆。9月16日，近千名埃尔切市的鞋商和鞋厂工人涌上街头，烧毁了一辆载有来自中国温州鞋类产品的卡车和中国鞋城的一个仓库，造成约800万元人民币的经济损失。23日，当地再次爆发了抗议中国企业的示威游行。数千市民在游行中高喊“我们要吃饭，我们要生存”、“中国人滚出去”的口号。

当人们还没有回过神来，危险的信号又一次袭来。9月23日晚，埃尔切市又发生一起大规模的反华商抗议游行示威活动。随即，有消息传出，埃尔切市的极右分子及鞋业工会正密谋在当年10月份前往马德里举行大规模示威活动，抗议政府关于中国商人的移民政策。此外，他们还计划此后每周示威一次，直至中国鞋商搬出埃尔切市为止。事后，据一个埃尔切“烧鞋团伙”成员交代，他们当时还在赶制汽油弹等暴力工具，准备进一步“对付”来自中国的鞋商和中国鞋城仓库内价值十几亿元的鞋类产品，目的是要把中国鞋扫出埃尔切。

在采取法律手段维护自己合法权益的同时，温州鞋商也陷入了深深的困惑和反思：自己通过合法经营为西班牙人提供了价廉物美的产品，也为当地政府增加了财政收入，为何却受到当地人这样强烈的排斥？遭遇到如此惨痛的打击？大火还会不会再来？究竟是进还是退？犹豫之间，更多的人选择了反省——在异国他乡打拼的自己，除了中国人引以为傲的吃苦耐劳精神，是不是还缺少了什么？是什么原因导致了眼前的这一切？

的确，这次大火并不是偶然的事件。在此之前，埃尔切市已弥漫着排华情绪，只是，终日忙于生意的中国商人们低估了事态的严重性。埃尔切市是西班牙巴伦西亚自治区第三大城市，这座人口只有20万的小城市素有“欧洲鞋都”的美誉。制鞋业是埃尔切市的传统支柱产业，并使该城一度成为西班牙国内人均收入最高的城市之一。埃尔切市的中国鞋城，是当地一个非常著名的鞋类批发市场，也是温州鞋走向欧洲市场的一个最重要的集散地。相较于其他国家的商人，来自中国温州的商人总是那样的引人注意，吃苦耐劳的他们不甘于漏掉任何一个赚钱的机会，强烈的竞争意识让他们比当地商人开门早、打烊晚，而且随着对市场和语言的熟悉，温州商人还渐渐绕开了当地的第三方代理，并陆陆续续辞退了在当地聘请的销售员，变成了集进口商、经销商、营业员等诸多身份于一身的“铁板一块”，当地人很难在他们的生意中分到一杯羹。温州鞋商的生意是越做越大了，但是当地人的工作和生活环境却发生了巨大的变化。埃尔切市的制鞋业陷入了历史上最大的困境，当地鞋业逐渐萎缩，一部分规模小、技术落后的鞋厂甚至面临倒闭。2002年埃尔切市有12家鞋厂破产；2003年，这个数字增加到14个；而到了2004年7月，破产鞋企更是飙升到了26个，造成1000多名当地工人失业。针对中国鞋企的这把大火，正是日积月累的矛盾的爆发。西班牙的这把火，让温州的鞋商们猛醒——互利共赢的意识，在跨国经营的过程中必不可少。

“中国鞋企业要少一些埋怨，多一些主动，少一些数量，多一些品牌，少一些摩擦，多一些和谐，以走出目前面临的困境。”温州鞋业的领军人之一、康奈集团董事长郑秀康就此次事件接受媒体采访时如是说。改变，从一点一滴开始。在反思的基础上，许多企业开始在行动上、细节上注入共赢意识；尽量不搞低价竞争，尊重当地的市场运作规律该打烊休息的就打烊休息，在一些环节聘请当地人。此外，他们还加大了与当地经销商的合作，“拉上对手一起赚钱”，与他们形成利益共同体，在稳固、壮大销售网络的同时，也为经营环境上了一把安全锁。“现在想通了，实际上这也是为了盈利，为自己赢得有利的发展环境。”一位温州鞋商在回顾这段历史时由衷地感叹。

除了自身的改变，温州鞋企在政府和行业协会层面也开始积极地行动起来。温州当地各个层面机构与西班牙行业协会、工商界之间的交流和沟通逐渐变得频繁起来。

2005年6月，由温州市外贸局牵头，外经贸主管部门、鞋革行业协会及有关鞋厂代表参加的“温州市鞋革商务考察团”一行9人，以寻求沟通与合作为目标，对西班牙进行考察，与西班牙鞋业协会、欧盟鞋业协会、西班牙鞋业配件企业协会和埃尔切市鞋业协会等进行了广泛交流。经深入沟通，中方代表表示将积极帮助西班牙鞋业开通中国渠道，使其高档鞋进入中国市场。温州

2009年9月12日，作者在美国。

人的双赢诚意博得了西班牙鞋业协会及生产企业的好感和信任，西班牙当地媒体对双方沟通的进展进行了报道，当地电视台也对考察团成员进行了访问。开诚布公的交流和积极的社会反响，让当地商家对温州鞋企的排斥心理一点点减弱。欧盟鞋业联合会主席兼西班牙鞋革协会主席拉法埃尔·卡沃尔表示，双方可以在共同的利益上寻找合作机会，并建议双方建立一个协调委员会，对有不同认识的问题争取在桌面上解决。

这一斡旋、沟通带来的回报是清晰可见的，就在温州鞋革商务考察团在西班牙期间，当一部分尚未消除抵触情绪的西班牙人企图再次掀起针对温州鞋商的示威活动时，事件刚一露苗头，就被高度关注中西之间经贸关系的当地政府和其他已经态度有所转变的行业代表制止。

2005年9月，在康奈集团“国际化工业园落成暨创业25周年”庆典上，西

2009年,作者参观耐克公司。

班牙贸易局相关官员、埃尔切鞋业协会负责人被邀请到了温州出席庆典仪式，并参观当地企业。通过一系列的摸索，温州鞋企深深地认识到，让对方真切地感受中国企业的真实状况，看到我们的诚意和与我们合作的空间，也许比任何言语都更有说服力。温州鞋企表达出的谦逊和包容，令西班牙埃尔切市鞋业协会主席安东尼奥“非常震惊”。他表示：西班牙政府、鞋革协会对去年埃尔切事件感到非常遗憾，该事件“已给西班牙鞋业带来影响，也给西班牙政府带来了压力”。为了让温州企业近距离了解西班牙制鞋工艺，西班牙有关方面提出在温州举办“西班牙鞋类配件展”、“西班牙皮革展”。随后不久，西班牙驻上海总领事馆商务专员、消费品部主任兰茉受西班牙鞋类配件协会和西班牙鞋类协会委托来到温州，为双方的合作进一步打下基础。就在当月，西班牙鞋业企业带上先进的制鞋技术、设备和工艺组团来到温州参展。此时，合作的暖流潺潺而动。同年12月初，西班牙举办鞋类配件展，推广其相关产品。在互惠互利的宗旨下双方同行逐渐建立了合作的默契。

在多方的共同努力下，2010年12月17日，埃尔切市鞋业协会、温州市鞋革协会和康奈集团等企业代表签订了以“和谐贸易、互利共赢”为主题的《温州宣言》。双方表示：中国和西班牙鞋业要通过合作解决矛盾和问题，鼓励双方企业到对方投资办厂开店，实现双方共同发展；双方不定期安排企业互访、考察、学习，鼓励相互参展，调整产品结构，实行差异化经营策略，实现双方优势互补；鼓励双方企业共同组织成立研发设计中心，共同创立新的品牌，埃尔切市帮助温州鞋企引进优秀人才，温州欢迎埃尔切市的鞋类企业到温州开展加工、品牌合作，实现双方和谐共赢。

外交离你并不远

记得2004年9月，西班牙埃尔切市烧鞋事件发生后，时任温州市委书记的李强（现任浙江省省长）打电话给我，因为我是温州市政府的顾问，征询我对这件事情如何处理的意见。我强调，还是要从合作共赢的思路出发，逐步化解矛盾。

我十分敬佩温州市的领导和温州鞋商的反思能力、学习能力和在挫折中重新站起来的能力。最后，温州的鞋商对这个事件处理得非常漂亮。当然，西班牙人烧我们的鞋是不对的，是违法的行为，我们必须进行交涉。温州鞋商了不起之处，是他们没有停留在交涉，停留在斗争的层面上，而是深入地分析了这个事件产生的根本原因，最后采取了建立利益共同体的办法，来化解了这个矛盾。这个案例对走向世界的中国企业家有众多的启示和深刻的参考价值。

我们的企业在走向世界的时候，碰到一些不公正的待遇、违法的现象，当然要进行必要的斗争。但是，斗争不是目的，而是手段，我们的目的是要与外部世界的合作长久地进行下去，使我们在海外的事业越来越发展。如何才能实现这个目的？显然只靠斗争是不够的。扩大利益汇合点，构建利益共同体，这是一条必由之路。其本质就是习近平主席一再强调的共赢。共赢是一个全新的思路，历史上西方大国进行殖民扩张时，寻求的目标不是共赢而是单赢。世界变了，零和游戏行不通了，必须走向正和游戏，就是互利共赢。

2014年初，上海世纪出版集团有关同志专门找到了我，希望我能写一些关于点评《战国策》的书。我开始有些犹豫，我想我又不是学历史的，点评《战国策》我显然不如那些精通历史的老师们。但是后来又一想，战国时期是中国社会大变动的时期，中国外交达到了一个辉煌的顶点。而今天的世界也正处在一个大变动的时期。外交对我国来说，变得越来越重要。而今天中国的现实是，许多老百姓还认为外交离他们太远。我想如果通过我点评《战国策》，并联系今天中国外交的实践，那也许可以帮助中国的公众多了解一点外交。这大概是今天中国公众的需要，也是中国人走向世界的需要。

感谢上海故事会文化传媒有限公司的总经理冯杰和副总经理李欣，感谢他们提出的倡议，否则这本书不会问世。

感谢北京师范大学李山教授，他专门来看望了我，我从与他的谈话中以及阅读他写的书中学到了很多。

我还要感谢我身边的工作人员赵婷婷、葛震、胡佳裕等，我这本书主要是在节假日期间写出来的，他们几位陪着我加班加点，毫无怨言。佳裕出力更多一些。

最后我还要感谢我的夫人施燕华，感谢她的帮助和支持。没有她的帮助和支持，我这本书是很难写出来的。

从点评《战国策》出发联系到当代中国外交，这是一种尝试。这种尝试难免会有不少瑕疵和不足之处，切望读者和各位专家多多批评指正。

以上是为序。

吴建民

2014年6月于北京

纵横天下
壹

壹



# 百家争鸣

百家争鸣发生在春秋战国时期，那是中国几千年文明史中思想和文化灿烂辉煌、群星闪烁的时代。中国文化的根，基本是在春秋战国百家争鸣时形成的。回顾百家争鸣的历史对于我们观察今天的世界，会有重要的启示。

百家争鸣时期在国际上也引起了注意，德国著名的哲学家雅斯贝尔斯在1949年出版的《历史的起源与目标》一书中指出：公元前800至公元前200年之间，尤其是公元前600至前300年间，是人类文明的“轴心时代”。“轴心时代”发生的地区大概是在北纬30度上下，就是北纬25度至35度区间。这段时期是人类文明精神的重大突破时期。在轴心时代里，各个文明都出现了伟大的精神导师——古希腊有苏格拉底、柏拉图、亚里士多德，以色列有犹太教的先知们，古印度有释迦牟尼，中国有孔子、老子……他们提出的思想原则塑造了不同的文化传统，也一直影响着人类的生活。

# 一、百家争鸣的背景、原因和特点

百家争鸣发生在东周即春秋战国时期，即公元前770年至公元前221年，历时549年。这个时期，思想、文化上最重大的事件就是百家争鸣。这是中国历史上第一次大反思，也是第一次思想大解放。

## 背景——社会大变动，旧秩序走向解体

百家争鸣发生在春秋战国时期绝非偶然，其大背景是中国社会进入了第一次大变革时期。代表旧秩序的奴隶制逐渐走向解体，新兴的地主阶级开始登上政治舞台，但新秩序尚未建立起来。推动奴隶制走向解体的根本原因，是生产力的发展。

从生产工具看，铁犁牛耕的出现，取代了人拉木犁来耕作，导致了农耕经济生产力的第一次飞跃，劳动生产率成倍的增长。生产力的发展带来了生产方式的变化，过去需要许多劳动力合作完成的田间作业，现在一家一户就能够完成。从西周承袭下来的井田制受到了严重的冲击。

所谓井田制就是诸侯、大夫们将周天子所分封的土地交由奴隶和庶民耕种，收成上交，土地公有不得买卖。这种制度极大地制约了生产力的发展。随着铁犁和牛耕的普及，奴隶和庶民都去开荒，种自己的地。正如《公羊传》中所描述的“民不肯尽力于公田”，井田制就逐渐走向了解体。

随着井田制的解体，以土地私有制为基础的新兴地主阶级出现了。地主

阶级采用的是把土地租佃给农户的办法，比奴隶制更能调动奴隶、农户的积极性。从本质上看，这是生产力的大解放。

柏杨先生把我国的春秋战国时代称为“大黄金时代”，在《中国人史纲》中，他对由于生产力的发展带来的社会大变革是这样描述的：

铁犁

随着冶铁技术的成熟，到战国时期，铁质农具逐渐得到普及。在辽宁抚顺莲花堡燕国遗址出土的农具中，铁质农具已占85%以上，说明铁农具在当时的农业生产中已取得主导地位。

中国社会结构，在本世纪（前5）之前，至少有一千年以上的时间是一种广大的奴隶群和贵族并存的社会。因为土地权来自分封，也就是只有国君跟贵族才有土地，而奴隶是主要的生产工具。奴隶不但没有土地所有权，而且连自由权也没有，他们来自战争时的俘虏，获罪于贵族的平民和奴隶的后裔——奴隶的后裔永远是奴隶。奴隶所以在社会结构上占重要地位，是因为耕田使用木犁，木犁必须使用很多人力才能拉动。大黄金时代开始时，铁器开始普遍，除了用于战争外，也用于把木犁改为铁犁。尤其是不知道由于什么契机，人们发现如果使用牛马拉动铁犁，会比使用奴隶耕种的速度更快，收获也更多。这就跟19世纪内燃机出现，终于代替了牛马一样。不仅产品大量增加，也引起社会巨变，促使奴隶制度没落，土地所有权开始从国君和贵族手中滑出，重新分配。两种新兴的事物：都市商业阶级和土地重新分配后的地主阶级，向旧日的木犁人耕时代

## 《苏格拉底的申辩》

公元前399年，一个叫莫勒图斯的年轻人在雅典状告苏格拉底，指控他腐化青年、不信仰众神而新立神祇。作为古希腊雅典的公民，七十岁高龄的苏格拉底在法庭上面对五百人的陪审团做了申辩。柏拉图的《苏格拉底的申辩》生动展现了这一事件。苏格拉底把法庭上的申辩变成了他在雅典城邦面前的哲学陈述。苏格拉底驳斥了对他的种种指控，提出哲学是由平和谦虚地接纳无知，智慧不过是承认这个无知而已。他讽刺政治家没有智慧，苏格拉底的申辩凸显了哲学与政治的冲突，其实质是哲学在政治面前的申辩。申辩没能挽救得了苏格拉底，他最终被判处死刑。尽管苏格拉底曾有逃亡的机会，但他仍选择饮下毒堇汁而死。苏格拉底之死是一个非常重要的历史事件，他是西方历史上有记载的第一位因为思想和言论被处死的哲学家。

《雅典学校》
壁画局部：亚里士多德（左）与柏拉图（右），“轴心时代”的思想家。图为拉斐尔16世纪为梵蒂冈宫所做壁画。

褒姒
周幽王的宠妃，生卒年不详，褒人所献，姓姒，故称褒姒。下图为清《百美新咏》插图。

的奴隶主，也就是世袭的贵族阶级挑战，世袭的贵族们不断地挣扎反攻，也会不断地获得胜利，但发展到纪元前3世纪时，失败已成定局。（柏杨，《中国人史纲》，229 – 330页）

## 原因——周王朝的衰落、诸侯国的竞争、知识分子阶层的壮大

### 周天子“共主”地位衰落，旧秩序走向解体，反映旧秩序的思想基础动摇

西周从武王伐纣（约公元前1046年）开始，到幽王被弑（公元前771年）为止，历时约275年。武王之后，西周经历过成康之治的兴盛，但此后出现了一批昏君，朝政松弛，民不聊生。西周的国力渐渐衰微，内外交困。而西周最后一位天子周幽王更是昏庸无道，不仅任用佞臣，而且还把事关国家安危的大事当儿戏。

周幽王十分宠爱自己的妃子褒姒。她生得艳如桃李，却冷若冰霜，自进宫以来从来没有笑过一次。周幽王为了博得褒姒的开心一笑，想了各种各样的办法，但都

一、百家争鸣的背景、原因和特点

《烽火戏诸侯》
此画描绘周幽王为博妃子褒姒一笑，烽火台戏诸侯，最终丧国的故事。

没有成功。于是，周幽王宣布，谁能让褒姒一笑，将有重赏。上卿虢石父此时向周幽王建议，如果点燃烽火台，就可以让褒姒一笑。

西周为了防备犬戎的侵扰，在镐京附近的骊山（在今陕西西安临潼东南）一带修筑了20多座烽火台，每隔几里地就是一座。一旦犬戎进袭，首先发现的哨兵立刻在台上点燃烽火，邻近烽火台也相继点火，向附近的诸侯报警。诸侯见了烽火，知道京城告急，天子有难，必须起兵勤王，赶来救驾。

周幽王接受了虢石父的建议，下令点燃烽火台。诸侯们看见了烽火台的狼烟，以为周天子有难，立即率领军队日夜兼程赶赴镐京。褒姒见诸侯们纷纷赶来紧张的神色，果然笑了起来，周幽王十分开心。诸侯们抵达京城之后，才知道这是周幽王为了博得褒姒一笑下令干的事，知道自己被愚弄了，便率领自己的军队悻悻返回。

此后，周幽王对褒姒愈加宠爱，废黜王后申氏和太子宜臼，册封褒姒为后，褒姒生的儿子伯服为太子。周幽王的上述举动，引起了申侯的愤怒。申侯联合缯侯以及西北夷族犬戎之兵，于公元前771年进攻镐京，形势十分危急。于是周幽王下令点燃烽火报警，但各国诸侯害怕再次被戏弄，都没有发兵前来勤王。镐京被攻下，幽王带褒姒逃到骊山山麓被戎人杀死，褒姒被掳。统治了约275年的西周王朝至此而亡。

周幽王被杀后，周平王宜臼继位。周平王决定把国都东迁至洛邑（即今天的洛阳）。东迁后，周朝管辖的范围大减，形同一个小国。周平王是原来被废黜的太子，加上又有弑父之嫌，在诸侯中的威望不高。周平王东迁，周朝走向衰落，中央政府的权力式微。

司马迁在《史记》中是这样记载的：平王立，东迁于雒邑，辟戎寇。平王之时，周室衰微，诸侯强并弱，齐、楚、秦、晋始大，政由方伯。

随着周朝中央政府的衰落，出现了孔子所称的“礼崩乐坏”的局面。“礼崩乐坏”是指周朝的典章制度逐渐被废弃。旧的秩序走向解体，反映旧秩序的统治思想基础动摇，而新的秩序尚未建立起来，引发了全社会的思考，这就为新思想的出现提供了巨大的空间。

## 诸侯国的竞争，成为百家争鸣的主要动力

随着西周中央政权式微，出现了一大批诸侯国。据《左传》记载，春秋时共有140多个诸侯国。这些诸侯国谁也不服谁，相互之间攻伐和兼并的战争频仍。诸侯之间的战争，又为边境的外族入侵提供了机会，而周天子又不能承担起抵御外族入侵的责任，经常要向一些强大的诸侯求助。在这样的情况下，强大的诸侯便自居霸主。频繁的战争使得一批弱小的诸侯国逐渐被大的诸侯国吃掉。到了战国初期只剩下二十多个诸侯国，再往后发展，逐渐演变为战国七雄，即燕、赵、韩、魏、齐、楚、秦。

随着诸侯国争霸的斗争愈演愈烈，各国对人才的需求急剧上升，诸侯国纷纷兴办学府和养士，为自己的争霸事业服务。

当时最有名的学府是齐国的稷下学宫。稷下学宫位于齐国国都临淄（今山东淄博市）稷门附近，大约存在了150年。它是世界上第一所由官方举办、私家主持的特殊形式的高等学府，它可能也是世界上出现得最早的思想库。在

## 壹 百家争鸣

春秋战国时期，社会动荡不安、战乱频繁，各诸侯国林立纷争。图为战国时代部分诸侯国疆域图。

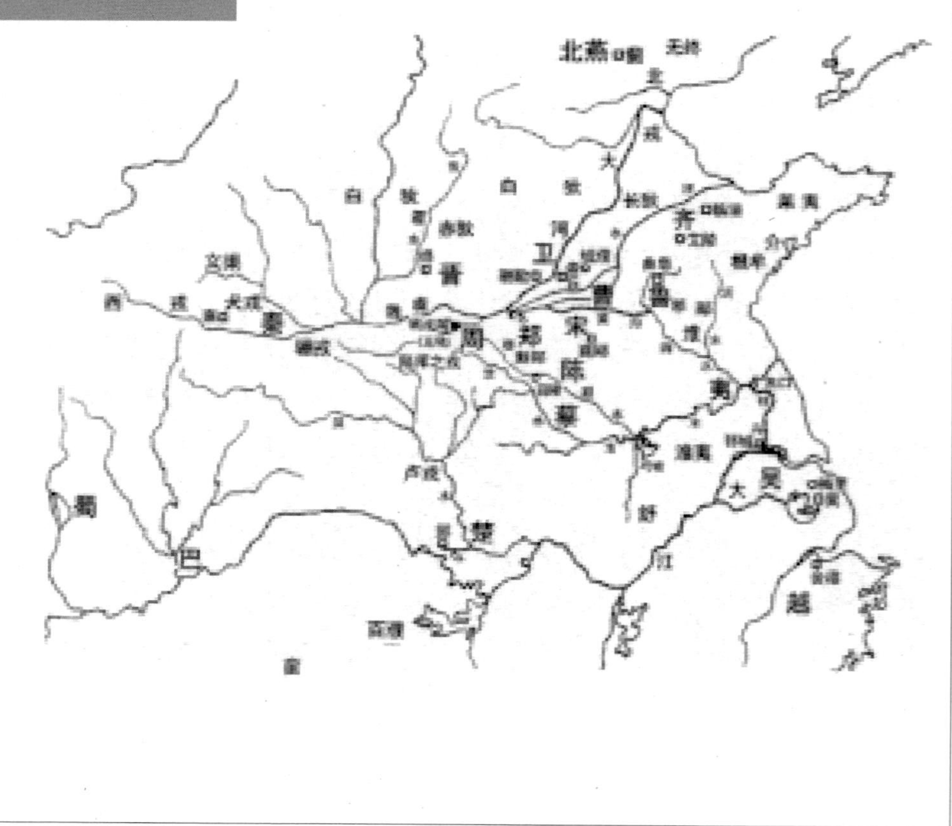

其兴盛时期几乎容纳了当时“诸子百家”中的各个学派，成为当时百家学术争鸣的中心园地。

而养士的现象，在春秋时代就已经开始，到了战国时期更为盛行。后来的“四公子”，即齐国的孟尝君田文、魏国的信陵君魏无忌、赵国的平原君赵胜、楚国的春申君黄歇，他们“养士”多达几千人。战国后期秦国的吕不韦，也有“食客三千”。吕不韦招揽门客，重文不重武。在吕不韦的主持下，门客们将所见所闻编纂成书，这就是今天人们耳熟能详的《吕氏春秋》。

建立什么样的新秩序，并没有现成的答案，于是出现了各种各样的流派相互辩论，即所谓“百家争鸣”。百家争鸣的主要动力是诸侯国的竞争，他们要从诸子百家中选择最有利于他们实现争霸目的的指导思想。

### 知识分子阶层壮大，为百家争鸣输送了人才

东周时期，“士”阶层即知识分子阶层逐渐兴起，兴起的物质基础是生产力发展了，诸侯国有能力供养一批不参加农业劳动的知识分子。而教育的相对普及，则为培养大量知识分子创造了条件。

西周时期，学校办在官府，官府与学校成为一体，要上学必须到官府去，由当官的来教书。要学法律必须得向司徒学。随着周朝中央政府的衰落，一批当官的有知识的人逐渐向诸侯国和民间转移。这就是人们所称的“文化下移”的现象。官办的学校衰落了，民办的学校兴起了。这些原来在政府当官的一批有知识的人，就成为民办学校的主力。民办学校跟过去官办学校最大的区

别是，教育面大大扩大。过去只有贵族子弟才能到官府去上学，现在民办学校只要你交一定数量的学费，就可以上学。孔夫子提出了有教无类，这在当时来看是一个非常先进、超前的理念。不论你出身如何，只需要给他“束脩”，就是一串腊肉作为学费，就可以成为他的学生。学校向庶民开放，这是教育的一大进步，使人才的来源扩大。

柏杨先生是这样描述的：

世袭贵族千余年对图书和知识的垄断，随着他们走下坡而失去控制。平民阶级——包括奴隶，过去绝对不允许，也绝对不可能获得图书和知识，而且即令获得也没有用，社会和政府全是封闭的，平民永不能脱离他们的阶级。大黄金时代中的平民却可重新获得知识技能，爬到贵族地位，担任政府官员和累积财富。新的社会形态是，一个人的权力，决定于他的思想和能力，不再完全决定于他的祖先成分，这是从前连做梦都梦不到的事……（柏杨，《中国人史纲》，230页）

百家争鸣是人来进行的，诸侯国对人才和新思想的需求，有利于优秀人才脱颖而出，成为百家争鸣的主角。

综上所述，我们可以看出，为什么百家争鸣发生在春秋战国时期。大背景是社会大变动，旧秩序走向解体，为新思想的出现提供了巨大的空间；诸侯国的竞争成为百家争鸣的强大的动力；教育的普及，知识分子阶层的壮大，为百家争鸣输送了人才。

## 特点 —— 历史最长、氛围宽松、战果辉煌

**时间长**。由于当时诸侯国群雄并立，中国社会大变动由分走向合是一个渐进的过程。百家争鸣历时大约550年，这可能是人类历史上历时最长的大反思。

**氛围宽松自由**。这是中国历史上第一次大反思，也是第一次思想大解放。这个时期的中国知识分子是最自由的，不仅是思想自由，统治者对诸子百家的争鸣没有任何约束，知识分子可以提出各种各样的思想和主张；知识分子在行动上也是自由的，他们不隶属于某一个国家，这个国家的统治者不采用他的思想和主张，他可以到别的国家去游说。用我则留，不用我则去。用今天通俗的话来说就是“此地不留爷，自有留爷处”。

**成果辉煌，内容丰富，包罗万象**。百家争鸣产生了诸如孔子、老子、墨子、韩非子、孙子等著名的思想家。他们的思想奠定了中华文化的基础，是中华文明的思想源泉。他们的很多著作，用21世纪的眼光来看，还闪烁着真理的光芒。我举三个例子来说明：

和而不同 —— 宗教问题

孔子在2500年前就提出了和而不同的思想，这是他对人类社会进行深入观察，摸索其规律得出来的结论。人类社会的多样性，这在任何时候都存在，不可能消灭。我们所能求得最好的结果，就是和而不同。人类之间尽管存在着各种各样的分歧，但是大家要和平相处，不要诉诸武力。现在看，这个思想是很高明的。在这个思想的指导下，中国几千年的文明史上，没有发生过宗教战

孔子
名丘，字仲尼，春秋末鲁国人，中国古代思想家、教育家，儒家创始人。早在2500年前，他就提出了和而不同的思想。

争。世界上各主要宗教，中国都有，但各宗教之间相处是和谐的。到中国的庙里去，可以同时供奉释迦牟尼、太上老君和孔夫子，这种现象在西方的教堂里绝对看不到。

然而看一看世界其他地区，特别是欧洲和中东地区，宗教战争断断续续延续了上千年，杀得不可开交。就是在今天的中东、北非地区，不同教派之间还在继续厮杀。他们缺少和而不同的思想，总想改造人家，人家要信仰不同的宗教就是异端，就是大逆不道。就是同一个宗教，你要与我教派不同，也是不允许的。要么你放弃你的宗教信仰，皈依我或者皈依我的教派，否则就要把你杀掉。这就是二元对立论，也是宗教战争的根源。

环顾今天的世界，一个特别令人忧虑的现象是，基督教文明和伊斯兰文明的冲突不断。

伊斯兰教是公元7世纪初形成的宗教。伊斯兰教诞生后，创造了灿烂辉煌的伊斯兰文明，对人类文明进步做出了不可磨灭的贡献。但是伊斯兰教出现之后，与基督教的冲突从来就没有中断过。公元1096到1291年之间的9次十字军东征，就是两大文明冲突的集中表现。此后二者之间的冲突也没有断过，一直延续到现在。这二者之间为什么会发生冲突？关键在于缺少和而不同的宽容。我们希望两大文明的冲突停止下来，和谐相处，那将是世界和平的福音。

天人合一 —— 环境问题

天人合一的思想最早是由庄子提出来的，季羡林先生曾经对天人合一做过精辟的解释，他说：“天，就是大自然；人，就是人类；合，就是互相理解，结成友谊。”他还认为天人合一论是中国文化对人类最大的贡献。

18世纪欧洲工业革命以来，随着科学技术的进步，人类的物质文明取得了前所未有的进展。在巨大的进步面前，人类有些飘飘然起来，提出了“改造自然，征服自然，战胜自然”的宏伟口号，把大自然当成敌人。我们中国人也同样用过这些口号，现在看来这些口号是何等的幼稚、狂妄和可笑！大自然你能够征服它吗？你能够战胜它吗？你能够改造它吗？实践证明，人类如果不按照自然规律去行事，不尊重大自然，就会受到严厉的惩罚。今天人类受到大自然的惩罚还少吗？

过去几百年来，人类对于大自然的索取太多了，造成的污染和破坏越来越严重。对大自然毫无敬畏之心，以为大自然可以任凭人的意志来随意塑造和改变。今天我们正在承受对大自然过度的索取、破坏和污染所造成的后果。我们曾经豪迈地宣称，我们绝不走西方国家“先污染，后治理”的老路。而

专题链接

## 十字军东征，以耶路撒冷之名

宗教之争是欧洲中世纪史的重要主题。11世纪下半叶，当信奉伊斯兰教的塞尔柱突厥人攻占拜占庭帝国大部分领土时，宗教的仇恨再次被点燃。1095年，罗马教皇乌尔班二世在法国克莱芒举行的宗教会议上，号召基督教徒拿起武器捍卫宗教，解放圣地耶路撒冷。由此，西欧的基督教骑士开始组建军团，挥戈向东，对东方的异教徒进行残酷杀戮和疯狂掠夺。因教会为参加战争的士兵佩戴了十字标志，故而称为十字军。从1096年至1291年，十字军先后东征九次，历时近200年。在第一次东征中，十字军攻占了耶路撒冷，血腥屠城，然后在那里建立了耶路撒冷王国。在最后一次东征中，十字军丢掉了最后的阿卡据点，耶路撒冷王国彻底灭亡。在整个战争中，无以计数的士兵战死沙场，不可估量的平民流离失所。基督教世界和伊斯兰世界都承受了巨大的痛苦，两者对立的鸿沟也日益加深、其消极影响一直至今。

十字军东征

伊斯兰世界称之为法兰克人入侵（1096－1291年），是一系列在罗马天主教教皇的准许下，由西欧的封建领主和骑士对他们认为是异教徒的国家发动了持续近200年的以宗教名义开展的战争。

孙子
春秋末年齐国人，著名军事家、政治家。其著有《孙子兵法》十三篇，为后世兵法家所推崇，被誉为“兵学圣典”。

今天，严酷的现实表明，我们不仅重复了这条老路，而且造成的污染要严重得多。中国最发达的140多万平方公里土地上，经常出现严重的雾霾，就是最明显的例证。我们没有按照老祖宗所教导的天人合一的思想去做。今天回头看，两千多年前中国人提出来的“天人合一”的思想是多么睿智、多么超前、多么富有远见！

孙子兵法 —— 战争问题

我在法国工作期间，曾经到法国培养经济人才的最高学府——巴黎高等商业学院去讲话。该院的院长告诉我说，孙子兵法是本校学生必读的书籍之一。我到中国的大学去讲话，请读过孙子兵法的学生举手，结果举手的人寥寥无几。这是一个很有趣的现象，中国人对自己的文化和精神财富并不十分重视。

1999年3月24日到6月10日的科索沃战争，是20世纪的最后一场战争。战争的双方，一方是美国为首的北约，另一方是南斯拉夫联邦。显然美国和北约在军事上占有绝对优势，给南斯拉夫联邦的军队造成了重创。美国和北约天天宣布战况，今天宣布轰炸了什么目标，明天宣布击毁了多少辆南斯拉夫的坦克和战车。美国以为把南斯拉夫的装甲部队消灭得差不多了。然而，在战争结束后，南斯拉夫的装甲部队从山洞里钻出来，长长的车队，让美国北约方面大吃一惊。他们想，不是已经打得差不多了吗，这些装甲部队又是从什么地方冒出来的。

上述现象，应了孙子兵法上的两句话："善守者，藏于九地之下，善攻者，动于九天之上。"爆发科索沃战争时我正好在巴黎任职，读到孙子兵法上这两句话，联系到科索沃战争的实际情况，对孙子至为敬佩。

孙子生于大约公元前545年，死于公元前470年，孙子在两千五百年前不可能预见到科索沃战争，然而孙子兵法对战争的规律是摸透了，即便在2500年之后，孙子所阐述的战争规律依然有效。"善守者藏于九地之下"，南斯拉夫的装甲部队就是"藏于九地之下"躲过了一劫。而美国北约向南斯拉夫实行打击主要是动用空中力量，巡航导弹、B2轰炸机等等，真是"善攻者动于九天之上"。

## 二、全球大变局

今天世界正在发生的变化，可能是人类几千年的文明史上前所未有的。

### 旧格局解体，世界进入走向新格局的过渡时期

1991年12月25日，苏联解体，宣告二战后建立起来的雅尔塔体制，即两极体制寿终正寝。世界进入了一个走向多极的过渡时期。

格局是国际关系中相对稳定的状态，一旦形成后会管很长的时间。旧格局解体，标志着旧的平衡被打破了，走向新格局就是要建立新的平衡。走向新格局的过程，从本质上看，是一个权力和利益再分配的过程。

雅尔塔会议
1945年2月，（左起）丘吉尔、罗斯福、斯大林在雅尔塔进行了第二次也是最后一次为打败轴心国势力并为欧洲未来勾勒蓝图的会晤。

20世纪世界格局曾经经历过三次大变化，前两次大变化是两次世界大战带来的结果。战争所确定的格局是很明显的，你的军队打到了什么地方，什么地方就属于你的势力范围。否则要想改变起来，不容易。然而，第三次旧格局的瓦解，不是通过战争，而是通过和平方式完成的。所以今天走向新的格局，需要经过一个漫长的过渡时期。在这个过渡时期中，世界上各种势力会进行反复的较量、角逐和争斗，涵盖政治、经济、金融、军事、文化、教育、科技等领域。在可预见的将来，不会爆发世界大战，但是局部战争却是难以避免的。各国都想在新的格局中占据一个有利的位置。

华盛顿

华盛顿是美国独立战争领导人，美国第一任总统，被称为“国父”。1787年，华盛顿主持了制宪会议，会议制定了现在的美国宪法。

## 国际关系的重心正在从大西洋向太平洋转移

重心转移是国际关系中最引人注目的变化。过去几百年，国际关系的重心在大西洋，即在欧洲和美国，这是由于历史形成的。欧洲经历了文艺复兴、宗教改革、启蒙运动、资产阶级革命、工业革命和科技革命，走到了人类的前列，成为现代文明的发源地。美国1776年独立，走上了崛起之路。

詹姆斯·麦迪逊

詹姆斯·麦迪逊，美国第四位总统（1809－1817年），政治哲学家，美国宪法的奠基人。与约翰·杰伊、阿历山大·汉密尔顿共同编写《联邦党人文集》，被称为“美国宪法之父”；和杰斐逊共同创建和领导了民主共和党，使美国开始形成了两党政治。

1872年，美国的经济总量超过了英国，成为全球最大的经济体。一战后美国的综合实力居全球第一。过去几个世纪，这个世界是由西方所主导的。它们定的秩序就是世界秩序，它们定的规则就是全球规则，它们定的标准全世界都要遵守，它们的时尚就是全世界追逐的榜样。然而，随着一批新兴大国的崛起，特别是亚洲的崛起，国际关系的重心开始向亚太地区转移。

上个世纪60年代，亚洲在全球经济中的比重仅为10%，现在大约为30%。20年后，亚洲的比重会超过50%。亚洲在历史上曾经辉煌过，直到1820年，亚洲在全球经济中的比重大约为56%。今天，亚洲在落后了很长时间之后，正在赶上去。亚洲的崛起，使得西方一统天下的世界的基础发生了动摇，这是几百年以来之巨变，大家都有一个适应的过程。

## 信息革命促使人类的新觉醒

信息革命使得人与人之间的交流与沟通不再受到时间和空间的限制，世界上任何地方发生的事情都可以顷刻之间传遍全球。信息革命也大大便利了人类对知识的获取。信息技术的普及，促使了人类的新觉醒。

信息革命也对传统的统治方式带来了严重的冲击。孔子说：“民可使由之，不可使知之。”过去，统治者可以利用信息不对称推行愚民政策，老百姓不了解情况，也没有办法获取更多的信息。但今天信息不对称正在发生深刻的变化，愚民政策很难行得通了。

格局变化、重心转移过去也都发生过，但是今天格局变化、重心转移、信息革命和全球化结合在一起，相互作用产生的影响是前所未有的，造成了今天世界的全球大变局。

## 三、全球大反思

在全球大变局的背景下，各主要地区都在进行大反思，似乎出现了一个全球百家争鸣的局面。人类几乎同时在大反思，这在人类文明史上还是第一次。

### 美国在大反思——两党政治和宪法的矛盾

美国1776年独立，1787年制定了第一部宪法，1789年宪法经过批准后生效，选举华盛顿为首位总统。今天回头看，美国的这部宪法执行得非常成功，只有27个修正案，宪法的主体没有变。美国宪法200多年沿用下来，出现过内战、社会动荡，但从未发生过军事政变，政体从未变化。

我1971年就去美国了，先后在美国工作过10年，同美国人有很多交流，感到他们对本国的体制是有信心的。但是今天美国人对他们的体制的信心不像过去那样坚定了，因为党派政治把华盛顿的政治生活引进了死胡同。

壹 百家争鸣

奥巴马2012年11月6日成功连任美国总统，他在连任之后面临的一大问题是校园枪击案。2012年4月在加州就发生了2起校园枪击案。第一起发生在奥克兰市一所大学内，造成了7人死亡，多人受伤。第二起发生在南加州大学，造成了2名中国留学生身亡。2012年12月14日，在康涅狄格州纽敦市一所小学发生了惨绝人寰的恶性枪击案，至少有28人丧生，其中有20人是小学生。

枪支泛滥是美国社会的一大痼疾，校园内频繁发生枪击案，已经持续了很多年。美国社会上控枪的呼声越来越高，奥巴马连任总统之后，把让国会通过控枪法案作为他任内国内政策的一大目标。可惜的是，2013年4月13日，控枪法案在参议院搁浅了。从目前情况来看，控枪法案已经胎死腹中了。

2013年10月1日至10月16日，美国政府因为没有钱，关闭了16天。国会通过的原来美国国债的上限为16.7万亿美元，这个钱已经用完，美国政府再要花钱，就必须提高美国国债的上限。要提高上限，必须经美国国会通过才行。共和党所控制的参议院给奥巴马总统出难题，要奥巴马大幅度修改他的医保改革法案。医保改革的法案是奥巴马总统内政上又一大目标。共和党对医保法案的修改，使得法案面目全非，奥巴马很难接受。但是如果不接受，国会就不通过预算法案，这样致使美国政府关门16天。奥巴马总统原定于10月7日到10日出席东亚峰会并访问印度尼西亚的计划被迫取消，美国的公信力受到损失。

美国两党政治的游戏已经玩到了尽头，党派利益高于一切，国家的利益没有人去考虑。这种状况的出现，是美国的政体所造成的。要改变这种状况，就要修改宪法。然而在目前情况下要修改宪法是不可能的事情。两党政治造成的华盛顿政治僵局还会持续下去，下一步怎么办，美国人在反思。

《马斯特里赫特条约》1991年12月9日至10日在荷兰的马斯特里赫特举行的第46届欧洲共同体首脑会议上签订。它为欧共体建立政治联盟和经济与货币联盟确立了目标与步骤。

## 欧洲在大反思——代议制民主和福利制度的矛盾

2008年的金融危机首先在美国爆发，后来随着欧洲主权债务危机愈演愈烈，全球金融危机的中心转移到了欧洲。直到今日为止，欧洲人仍然在同金融危机的后果进行苦斗。2013年欧洲经济仍处在衰退之中。

造成欧洲主权债务危机的根本原因，是代议制民主和福利制度。欧洲是福利社会，这是欧洲工人阶级长期奋斗的结果。欧洲福利制度保证了欧洲战后的稳定和经济的增长。但是，随着全球化向前推进，新兴大国的崛起，欧洲福利制度的包袱已经背不动了，很难持续。然而，欧洲的民主政治决定，政党领袖在大选时，总是向选民做出各种各样的允诺。一旦当选执政，发现国库里没

专题链接

**欧盟诞生：**
**马斯特里赫特条约**

欧洲统一的思想由来已久，尤其二战的巨大破坏使欧洲人开始思考进行某种形式联合的必要，欧洲煤钢共同体、欧洲经济共同体和欧洲原子能共同体（统称欧共体）由此陆续成立。随着一体化进程的不断深化，欧共体在1991年12月10日马斯特里赫特首脑会议上通过了建立“欧洲经济货币联盟”和“欧洲政治联盟”的《欧洲联盟条约》（又称《马斯特里赫特条约》，简称“马约”）。这一条约将1957年《罗马条约》（正式名称为《建立欧洲经济共同体条约》）修订为《建立欧洲共同体条约》）。《马约》确立了欧共体的发展方向，使之逐渐转变成为一个在经济、政治、外交和安全等多领域内密切合作的具有超国家性质的国际组织。《马约》于1993年11月1日正式生效，欧洲联盟在这一天诞生。《马约》是欧洲一体化进程中的里程碑，它对欧洲乃至全球都产生了重要而深远的影响。

有那么多钱，要兑现部分竞选诺言只有举债，致使欧洲各国的国债越来越高，突破了欧盟马斯特里赫特条约规定的财政赤字必须控制在GDP的3%以下，国债/GDP的占比保持在60%以下的上限。因为执政者们知道，自己在台上执政不过是几年的时间，还债是后人的事情。

欧洲的政治家都很清楚，上述状况已经不可持续，再拖下去要出大问题，但是谁也不愿意改革。因为改革要触犯到百姓的既得利益，谁要改革谁就下台。

2012年1月，我在瑞士苏黎世出席国际会议期间，会见了德国的前总理施罗德。当时，欧元区出了问题，但德国情况还比较好。我问施罗德，为什么德国情况比较好？他回答说：“吴大使，今天德国情况比较好，原因是我在2003年担任德国总理时，就对福利制度进行了改革，削减了福利。削减福利是不得人心的，所以我下台了，但我的继任受益了。”

如何走出目前的困境，欧洲人在大反

思。正如一些欧洲政界人士所指出的，这是欧洲代议制民主带来的危机，现在还没有找到解决办法。

## 阿拉伯世界在大反思——阿拉伯世界的动荡和冲突

自2010年底以来，阿拉伯世界发生了"政治大地震"，一个个强人倒台。导致这场大地震的直接原因是，2010年12月17日，在突尼斯南部西迪布吉德这个小城市，一位大学研究生毕业的26岁青年，名叫穆罕默德·布瓦吉吉，因为经济不景气，他找不到工作，摆了水果摊谋生。由于受到城管的粗暴对待，一怒之下，布瓦吉吉自焚身亡。

阿拉伯世界爆发的这场政治大地震，完全出乎人们预料。然而，在此之前三年，我到阿布达比去开会，一位阿拉伯世界的著名学者私下对我说："吴大使，我们这个地区有一颗'巨大的定时炸弹'不知道什么时候会爆发。阿拉伯世界不实行计划生育，人口膨胀。由于教育的普及，很多人上了大学，甚至读过研究生，他们出来找不到工作，有一个巨大的知识青年的失业群。要为他们创造就业机会，每年需要6%左右的经济增长率，而我们的经济增长率远远低于这个水平。"

政治大地震在阿拉伯世界蔓延，从北非发展到中东。整个中东地区出现了持续的动荡局面，各种矛盾在这里爆发。始于2011年3月的叙利亚内战，就是各种矛盾的集中表现。

从本质上看，阿拉伯世界的动荡和冲突也是一种大反思的表现。阿拉伯文明曾经辉煌过，但阿拉伯世界在近代落后了。二次大战结束之后，民族独立和解放运动席卷阿拉伯世界，带来了经济的发展和社会的进步。然而，在全球大变局的背景下，特别是新兴大国相继崛起的情况下，阿拉伯世界的停滞成为人民所关注的问题。大家在反思，阿拉伯世界停滞的原因是什么？为什么在亚洲地区一些国家出现的长时期的经济高速增长的现象没有发生在中东？如何去改变？

## 中国也在大反思——机遇和挑战

改革开放以来，中国经济取得了前所未有的进步。6亿人脱贫，这在人类历史上还是第一次。中国老百姓的生活从来没有像现在这样有了巨大的改善。但是事物总是一分为二的，中国在取得大发展的同时，也面临着前所未有的挑战，诸如：环境污染、贫富差距拉大、腐败之风蔓延、城乡二元结构突出。进步和挑战都在推动着中国人进行反思，我们下一步该怎么办？十八届三中全会，制定出了中国今后8年的改革蓝图。如何有效实现三中全会提出的目标，全国上下议论热烈，仁者见仁智者见智。

30多年的进步与发展，使得中国社会逐渐走向多元，不论什么问题都有多种意见，出现了一种百家争鸣的局面。这种局面是中国社会进步带来的结果，同时也要看到这种局面增加了应对各种挑战的难度。

# 四、感悟——大反思必然会带来大进步及思想先行，人们应警惕惯性思维

对比春秋战国时的百家争鸣，和今天的全球大反思，有以下三点感悟。

## 大变革时期才会出现大反思，大反思必然会带来大进步

人类总是在不断地反思，人类的进步就是在不断的反思中实现的。然而大反思，像春秋战国时期那样的大范围的反思以及今天全球性的反思，那是在社会发生大变动，全球发生大变局的形势下才会出现。变动使人感到迷茫，看不清前途，国家向何处去？世界向何处去？只有这样的大问题摆在大家面前的时候，大反思才会出现。

春秋战国百家争鸣所带来的变化和进步，已经被中国两千多年的历史所证明。今天世界大反思、百家争鸣还在进行过程之中，要持续多长时间，现在还很难预料。春秋战国百家争鸣给我们的启示是，对于百家争鸣、大反思带来的后果千万不能小视，一定会有大变化、大进步，这是必然的，我们要有思想准备。

## 重视思想的力量

春秋战国的百家争鸣产生了一些思想大家，他们的思想反映了事物发

展的规律和社会进步的需要。有些并没有立即被接受，比如像孔子的思想，他周游列国，介绍他的思想，人们并不欣赏。但是后来被人们所认识，成为过去2000多年中华文化的主轴。春秋战国期间涌现出来的许多思想家，今天看来仍然对人们有很大的启示。大变化总是思想先行的，一个新的思想，在百家争鸣中涌现出来，被证明是正确的，那就会转化为巨大的物质力量。人类几千年的文明史，也证明了这一点。

## 要促进新思想的出现，就必须要摆脱惯性的思维

全球大反思标志着人类在一个新的起跑线上，反思的结果是要推动社会的发展和人类的进步，从这个意义上来说，大家都在竞赛。看谁能够拿出适应21世纪的世界形势和本国情况的新思想、新理念、新办法。当然，新思想、新理念、新办法不可能是从天上掉下来的，它必定是从当今世界和各国的现实中产生，一定会有很强的继承性。但这个过程中，创新是至关重要的。

要想创新，必须要克服传统的惯性思维。我们有没有惯性思维呢？答案是肯定的。在我看来，我们要特别警惕三个方面的惯性思维。

一是封建的惯性思维。封建集权社会在中国有两千多年的历史，形成了强大的惯性，尽管新民主主义革命是反帝反封建的革命，但在今天的中国社会中，封建的惯性是大量存在的，它在制约着人们的思想和生产力的解放。

二是封闭的惯性思维。按照小平同志的说法，中国在明成祖之后走向了

封闭。明成祖1402至1424年在位，中国封闭了快600年，也形成了强大的惯性思维。改革开放初期，我们对封闭的惯性思维进行了猛烈的冲击。然而，这种惯性思维不可低估，稍有气候，这种思维就会卷土重来。人们会以不同的方式强调封闭的好处，封闭起来好管理，封闭可以抵制外来的渗透等等。

三是革命的惯性思维。我们中国人从1840年就开始了争取民族独立和解放的革命，也100多年了，这也形成了强大的惯性。1949年中华人民共和国成立之前，中国共产党是革命党，之后，是执政党。革命党与执政党是很不一样的，但是长期的革命党的惯性思维很不利于我们完成从革命党转变为执政党的过程。

人们总是生活在惯性思维中，不知不觉地受到惯性思维的影响。在全球大变革、世界大反思的今天，我们中国人一定要对惯性思维有充分的警惕，开拓创新，迎接21世纪中华民族的伟大复兴，中华文明的伟大复兴。

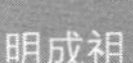

明成祖

朱棣（1360－1424年），是明朝第三位皇帝，1402－1424年在位，在位22年，年号永乐。明成祖在位时进一步加强了明朝的海禁政策。

纵横天下
贰

贰



# 天下大势

前面讲到春秋战国时期的百家争鸣，这是中国历史上第一次伟大的思想解放运动。为什么会出现百家争鸣？大背景是中国社会进入了第一次大变革时期。周天子权力式微，走向衰落，诸侯国崛起；社会大变革，奴隶制走向解体，新兴的地主阶级出现，但新的秩序远未建立。春秋战国百家争鸣的动力，是诸侯国之间争霸中国的竞争，诸子百家就是在这样一个大背景下形成的。“士阶层”即中国新兴的知识分子阶层成为百家争鸣的主角。争鸣不是目的，争鸣是为了找出建立新秩序的最佳方案。百家争鸣不是坐而论道，而是与中国社会的实践密切相联系的。争鸣的过程也是一个试错的过程，有些学派会失势，有些会消亡，有些会兴旺起来。哪些学派会失势，哪些会消亡，哪些会兴起，关键是看这些学派是否符合天下大势的走向。

## 一、战国时期的天下大势
## ——由分裂走向统一、解放生产力的大趋势

天下大势是指一个时期出现的大趋势。这种大趋势是客观存在的，是统揽一切的，你只能适应它。你顺应了这个大势，国家就会兴盛起来；如果你逆了这个大势，不管你一时间是如何兴旺，到头来都摆脱不了覆灭的命运。

从公元前476年至公元前221年，是中国历史上的战国时期。中国究竟向何处去，并没有明确的答案。群雄争霸，逐鹿中原，究竟鹿死谁手？前景并不明朗。

今天回头来看，战国时期的天下大势是两个大趋势：

一是中国由分走向合的趋势。西周走向衰落后，周平王东迁，中央权力走向衰落。诸侯国纷纷崛起，最多的时候出现了1000多个诸侯国。它们之间的争斗和兼并的战争连绵不断，一些弱小的诸侯国逐渐被灭亡和吞并，一些强大的、有实力的诸侯国逐渐崛起。战国时期出现了七雄，即燕、赵、韩、魏、齐、楚、秦。诸侯国之间没完没了的战争导致民不聊生，人民期望和平。这个时候的一大趋势是由分裂走向统一。

这个由分走向合的大趋势，战国时期高明的纵横家看得很清楚，苏秦和张仪就是其代表。苏秦曾当面对秦惠王说：“以大王之贤，士民之众，车骑之

张仪，魏国贵族后代，战国时纵横家，连横派的代表。

专题链接

## 雅典与斯巴达争霸：伯罗奔尼撒战争

雅典历史学家修昔底德称伯罗奔尼撒战争为“伯罗奔尼撒人与雅典人之间的战争”。它是以雅典领导的提洛同盟与以斯巴达为首的伯罗奔尼撒联盟之间的一场战争，从公元前431年一直持续到公元前404年。几乎所有希腊城邦都卷入了这场战争，战火从西西里岛蔓延至小亚细亚，几乎遍布当时整个希腊语世界，有现代人称之为“古代世界大战”。雅典是当时最大的海上霸权国，拥有最强大的海军；领导伯罗奔尼撒联盟的斯巴达是陆地国家，它的军事优势在于重步兵方阵。公元前405年雅典海军在伊哥斯波塔米战役中战败，从此再没有完整舰队，海洋则被斯巴达控制。雅典于公元前404年投降，提洛同盟被解散。获胜的斯巴达在爱琴海上各处驻兵，培植亲斯巴达政府，但其霸权也仅维持了数十年，波斯才是这场战争最大的获益者。伯罗奔尼撒战争是希腊历史上的一个转折点，希腊的黄金时代就此结束。



用，兵法之教，可以并诸侯，吞天下，称帝而治。”（刘向，《战国策·秦策一·苏秦始将连横》）

第二大趋势是解放生产力的大趋势。西周沿袭下来的奴隶制严重地束缚了生产力的发展，随着铁器和牛耕的普及，井田制受到严重的冲击，奴隶和庶民纷纷去开荒，不愿意去种公田。土地公有制被逐渐废止，为土地私有制所取代。在土地私有制的基础上，涌现出新兴的地主阶级。他们所代表的新的生产关系，比奴隶制要先进多了。新兴的地主阶级，要登上政治舞台，这是解放生产力的需要。因此，废除奴隶制，解放生产力，这就成为当时的又一大趋势。

上述两大趋势，不是孤立的，而是相互联系的。诸侯国中究竟谁能够统一中国，关键是要看它的变法能否最大限度地解放生产力。谁最大限度地解放了生产力，谁的国力就会逐渐强盛起来，谁就能够统一中国。

为了说明顺应天下大势的重要性，我想举两个例子。

明代《圣迹之图》之《归田谢过》：孔子52岁（公元前500年）时由中都宰升为大司寇，摄相事，齐与鲁媾和，鲁定公与齐景公会于夹谷（今山东莱芜城南）。孔子认为："虽有文事，必有武备"，使鲁国最终取得外交上的胜利。

一是我们大家所熟悉的孔子。

孔子生于公元前551年，死于公元前479年，春秋时期鲁国陬邑（今山东曲阜市南辛镇）人，祖籍为宋国贵族。武王伐纣建立周朝，为安抚商朝的贵族，封于亳，国号宋，即宋国，所以孔子是殷商贵族的后裔。孔子是儒家学派的创始人，中国古代的思想家和教育家。

孔子自20多岁起，就想走仕途，所以对天下大事非常关注，谙熟周礼，经常思考治理国家的诸多问题，也常发表一些见解。孔子年轻时做过几任小官，51岁时孔子担任中都宰（中都即今汶上县）一年，卓有政绩，被升为小司

空，不久又升为大司寇（协助国王行使司法权的官员），摄相事。孔子在其仕途中，逐渐形成了自己的政治主张：认为当时各国面临的最大问题是礼崩乐坏，社会动荡。治疗社会痼疾的良方是克己复礼。孔子曾当面向鲁定公陈述了他克己复礼的政治主张，没有被接受。鲁定公十三年，齐国送80名美女到鲁国，君臣迷恋歌舞，多日不理朝政，孔子非常失望。

孔子在55岁的时候对鲁国的国君已不抱希望，离开鲁国，开始周游列国，想说服各国接受他克己复礼的政治主张。他先后到过卫国、曹国、宋国、郑国、陈国、蔡国、楚国。这些国家的国君都见了孔子，对他表示了尊重，但均未采纳他的主张。孔子周游列国长达14年，于68岁的时候又回到了鲁国。

孔子作为一个政治家是失败的。我国介绍孔子生平的书，包括为他作传的书不少，但很少有人分析孔子为什么是一个失败的政治家。在我看来，孔子失败的根本原因有两条：

第一，春秋战国时期是在中国实行了近千年的奴隶制走向解体的时候，反映奴隶制的上层建筑也逃脱不了覆灭的命运，礼崩

齐威王
齐威王时期，针对卿大夫专权，国力不强之弊，任用邹忌为相，田忌为将，孙膑为师，进行政治改革，修明法制，选贤任能，赏罚分明，国力日强。

乐坏是必然的。礼崩乐坏虽然引起了社会的动荡局面，但是却为一种代表新兴生产力的制度的诞生创造了条件。礼乐是反映奴隶制度的上层建筑，孔子鼓吹要克己复礼，要恢复奴隶制的上层建筑，本身是违背历史潮流的，当然不会成功。

第二，战国时期诸侯国需要的是富国强兵，法家是富国强兵之道，所以在战国时期，法家是最受欢迎的。而儒家是治国的良方，不符合战国时期诸侯国的需要。

然而，要肯定的是，孔子作为教育家确实十分的成功。他创立私学，把原来只能由贵族子弟才能接受的教育传播到了民间。提出了有教无类的思想，这是推动社会进步的一项重要措施。战国时期百家争鸣的主角是知识分子，相当多的知识分子是私学培养出来的。孔子是创办私学的第一人，功德无量。

二是比较秦国和齐国的变法。

秦国和齐国是战国时期实力相当的两个强国。尽管两国国情不同：秦国幅员辽阔，民风剽悍；齐国文化鼎盛，经济发达。但是，两国都采取了相同的战略——广招贤士，变法图强。秦孝公和齐威王是两国同时期的君主，分别任用商鞅和邹忌为相，实行变法，都收到了很好的效果，使两国在战国七雄中站稳了脚跟。

商鞅和邹忌都变法，但变法的内容和侧重点是不一样的。齐国侧重的是政治领域的变法，没有涉及经济。齐威王听从邹忌的建议，整顿吏治，严明赏罚，广开言路，使得齐国的社会风貌焕然一新，走向强盛。

商鞅
战国时期卫国人，政治家、思想家，先秦法家代表人物，在秦孝公的支持下先后两次在经济、政治、文化教育方面进行了深刻的变法。

商鞅变法则不然，不仅涉及面广，而且要彻底得多。变法涉及政治、军事、经济、文化和社会等领域。一方面废除了井田制，奖励耕战，加强农业生产和军事实力；另一方面，建立县制，彻底破除了分封制，实行中央集权。自此国力日强，为秦统一中国奠定了基础。

变法的目的是富国强兵，富国强兵的核心是要解放生产力。谁解放生产力做得好，谁就能加快富国强兵的步伐。谁做得差，就会在诸侯国的兼并战争中被淘汰。解放生产力是大势，谁做得好，谁就会赢得更大的主动权，在诸侯国的竞争中处于有利地位。

## 二、认识天下大势的重要性
### ——带来大发展和大进步

研究天下大势对中国后来的知识界也有着重要影响。《三国演义》开篇就是这样说的：

> 话说天下大势，分久必合，合久必分。周末七国分争，并入于秦。及秦灭之后，楚、汉分争，又并入于汉。汉朝自高祖斩白蛇而起义，一统天下，后来光武中兴，传至献帝，遂分为三国。

短短的六十八个字概括了从战国到三国长达700多年的历史。从大趋势的角度来观察天下、观察历史，可能是中国人所擅长的。

马来西亚马六甲城的郑和像。郑和是明朝伟大的航海家，航海足迹遍及亚、非等30多个国家和地区。

当时的所谓天下大势，就是中国的大势。在世界还处于一个相互割裂的状态时，只关注中国的天下大势，这也是无可厚非的。但是，当世界被大航海逐步连在一起、开始大变化的时候，我们研究天下大势，只看中国就远远不够了。在这方面我们有惨痛的失败的教训，也有十分成功的经验。

## 明初，我们丢掉了到手的大发展机遇

过去600年，世界发生了巨大的变化。世界大变化是从大航海开始的，而大航海是中国人开始的。1405年-1433年，郑和率领庞大的舰队七下西洋。舰队有六七十艘船只，船上有两万八千海员。郑和七下西洋到了东南亚，进入了印度洋，到达了印度和阿拉伯半岛，最远抵达了东非。当时郑和乘坐的最大的“宝船”，即今天的旗舰，拥有一千海员，可见此时中国的造船术是全世界最先进的。七下西洋使得我国与到访国家的经贸关系逐渐兴旺起来，促进了经济发展，带来了沿海地区的繁荣。

世界史上所记录的大航海，首先提到的是哥伦布发现了新大陆。1492年，意大利人哥伦布在西班牙国王的支持下，率领了3艘船87名海员，发现了新大陆。由此开始了西方对世界的殖民征服时期。

郑和下西洋比哥伦布发现新大陆早了87年。二者之间从规模、技术和人员上来看，完全不成比例。郑和下西洋的舰队要大多了，人员要多多了，技术也要先进多了。但是二者在后来走了完全不同的道路。郑和七下西洋虽然取得了重要成就，但是在明成祖朱棣之后的明朝皇帝们却犯下了给子孙后代带来了巨大后患的政策——海禁。这项政策导致当时世界上最强大的舰队烂在了海里，中国最领先的造船技术被搁置了，中国人所开创的大航海自己主动停止了，中国有史以来最大的发展机遇被我们自己放弃了。想起这段历史，真让人痛心疾首。历史学家们都

专题链接

## 大航海时代的东西方

公元15世纪到17世纪，大批欧洲商船队在世界各大洋积极探寻新的东西方贸易路线，这一时期被西方称为地理大发现或大航海时代。早在15世纪前，东西方交流就很频繁，东西方贸易长期被阿拉伯、意大利商人垄断。1453年后奥斯曼土耳其崛起，控制着东西方贸易商路。14-15世纪欧洲出现了资本主义萌芽，欧洲急于开辟通往东方的新航路，去东方寻找财富和市场。伴随新航路的开辟，西方开始了世界性的殖民扩张。在同时期的东方，中国明朝郑和下西洋比哥伦布“地理大发现”要早近100年，但东方经济富饶而又自给自足，人民安土重迁，缺乏像西方世界扩张的内在精神物质动力，加之倭寇对中国沿海劫掠袭扰，逐渐实行闭关锁国政策。大航海时代后的东西方交往变得越来越密切，但因各自的政策取向而逐渐拉开了国力距离。

郑和下西洋（波斯），抵达巴基斯坦拉合尔（国）。

哥伦布
意大利航海家、探险家。在西班牙女王鼎力支持下，先后4次出海远航，开辟了横渡大西洋到美洲的航路。

哥伦布率快帆船从帕洛斯港出发。壁画，西班牙帕洛斯拉比达修道院藏。

认为，如果中国沿着郑和的道路走下去，世界的历史将会被改写。很可惜中国人没有沿着郑和的道路走下去，而欧洲人则沿着哥伦布发现新大陆的道路走了下去，走到了世界的前列。

明朝皇帝为什么做出了海禁的决策？理由是多方面的，但从根本上说，一方面是由于明朝的皇帝眼睛向内，不关心世界上的事情，这可能是中国495个皇帝中绝大多数的通病；另一方面，明朝的皇帝对于世界上正在出现的大趋势全然无知，更看不到这些大趋势可能对中国产生的影响。

## 清乾隆时期，我们错失了与英国建立平等关系的机遇

马戛尔尼出使中国失败，我们坐失了一次开放的机遇，与英国建立平等关系的机遇。我们中国人都知道1840年的鸦片战争，但是很少有人了解1792年到1794年英国国王乔治三世派遣了他的一位著名的外交家马戛尔尼来华访问的情况。基辛格在其《论中国》一书中，专门有一节记述了这个历史事实。法国政治家兼作家阿兰·佩雷菲特专门就马戛尔尼出使中国，写了题为《停滞的帝国》一书。

英国工业革命带来了英国经济的繁荣，对外贸易大为发展。当时的英国多次想与中国建立正式的通商关系，但是都没有成功。英王乔治三世决定派遣英国著名的外交家马戛尔尼，带着他写给乾隆皇帝的亲笔信，率领200余人的使团访问中国。信中一共提出了八项要求，其核心是两条：一是英国想与清政府互设大使馆；二是与中国建立贸易关系。这是大英帝国在崛起过程当

二、认识天下大势的重要性

英王乔治三世（1738－1820，1760－1820年在位）。他是英国历史上在位最长的国王之一。在他当政期间，经过与大革命后的法国和拿破仑的战争，使英国跃居首屈一指的世界强国，成为世界工厂。

中，唯一一次想与另外一个国家在平等基础上建立贸易关系的尝试。

马戛尔尼到达中国后，碰上的第一个难题就是如何拜见乾隆皇帝。乾隆是清朝一个很有作为的皇帝，生于1711年，25岁登基，是清朝第六位皇帝，在位60年，之后又做了3年太上皇。他是中国历史上掌握最高权力时间最长、最高寿的皇帝。英国内阁对于中国繁琐的礼仪是知晓的，在给马戛尔尼的指示中要求他尽可能尊重中方的要求。但是中国要求马戛尔尼对中国皇帝行三拜九叩之礼，马戛尔尼认为太过分了。他见英国国王也不过是跪半条腿，为什么见乾隆要三拜九叩？负责同马戛尔尼打交道的清朝官员也觉得要求对方三拜九叩太过分了，向朝廷谎报说洋鬼子与中国人不一样，腿不能打弯。最后，清政府勉强接受对方只跪半条腿。

乾隆皇帝会见马戛尔尼时，并没有和他交谈。只赏给他两碗菜一碗酒。为了打动乾隆皇帝，马戛尔尼带来了英国工业革命的最新成果，想向乾隆展示，但也没有这样的机会。马戛尔尼一行在中国逗留了两年，最后以失败告终。提出的八项要求，特别是互设使馆和平等通商的要求被完全拒绝了。清政

1793年（乾隆五十八年），英国以孟加拉总督马戛尔尼为首的庞大使团在热河行宫觐见乾隆皇帝，图中英使马戛尔尼和他的侍童小斯当东都是单膝下跪呈送国书和接受皇帝赠品，而不是行三跪九叩之礼。这是历史上著名的礼仪之争。马戛尔尼随团画师威廉·亚历山大根据描述绘制的英使觐见皇帝场面。

英国外交家乔治·马戛尔尼（George Macartney，1737－1806年）。马戛尔尼外交经验丰富，在中国期间受到乾隆皇帝接见，但其代表英国政府提出的贸易条约被中国拒绝。

乾隆皇帝

清代第五位皇帝。乾隆以后，清朝开始实行全面的闭关锁国政策。

19世纪，以瓦特的蒸汽机为动力的机械，推动了英国和欧洲的第一次工业革命进程，标志着世界进入“蒸汽机时代”。工业革命的爆发性发明创造使得英国成为世界上最强盛的国家。

府认为，欧洲的小国多如牛毛，如果同意接受英国的要求，让英国在北京建立大使馆，其他欧洲国家必定会效仿，不胜其烦。至于相互通商的问题，清政府则认为，大清帝国无所不有，不需要和外夷互通有无。

此刻的英国，正在进行工业革命，取得人类历史上前所未有的进步。英国和其他欧洲国家崛起的大趋势已经十分明显了，但是乾隆皇帝看不到这个大趋势，轻率地拒绝了英国的要求。中国坐失了开放和与英国在平等基础上建立贸易关系的最后一次机遇。

## 邓小平顺应了天下大势，抓住了大发展的机遇

江泽民主席曾经问过这样一个问题：为什么毛泽东主席没有提出改革开放，而小平同志却提出了改革开放？我的看法是：这两位领袖的经历不一样。毛主席一生就出过两次国，都是去苏联。他从来没有去过西方世界，对于西方工业革命科技进步带来的成果没有亲眼看过。而邓小平则不然。邓小平1920年10月去法国，当时16岁。1926年1月，邓小平在法国从事革命活动，警察要抓他，他坐了火车去了莫斯科，当时21岁。16岁到21岁是人生的生长旺盛期。邓小平在法国见证了工业革命给欧洲带来的变化和取得的进步。

1974年4月，邓小平又率领中国代表团去纽约出席了第六届特别联大，我当时正好在中国常驻联合国代表团工作。邓小平是中国老一代领导人中唯一去过美国的，小平在纽约逗留期间，赶上一个周末，周末联大不开会。小平是喜欢散步的，于是代表团就建议小平到公园里去散散步，但小平却提出要

专题链接

**华尔街：
金融霸主垂垂老矣？**

华尔街是位于美国纽约市曼哈顿区的一条街道，历史上因荷兰殖民者在此处修建一道抵御土著印第安人的土墙而得名（Wall Street），并且沿用至今。荷兰人成熟的资本主义精神与完备的金融体系对纽约产生了深远的影响。当美国从继承荷兰的英国殖民者那里实现独立之后，金融业在纽约快速兴起。这条仅500余米长的街道上，逐渐汇集了美国最大的垄断组织和金融机构，如洛克菲勒财团和美国证券交易所。华尔街不仅成为美国的金融中心，更因美国金融霸主地位而成为世界金融市场的晴雨表。但自2008年金融危机爆发之后，美国的经济出现明显衰退迹象，华尔街的金融机构也深陷困境之中。恰逢此时，华尔街又接连爆出丑闻，2011年，美国甚至爆发了占领华尔街的示威活动。这不禁令人怀疑美国这位世界的金融霸主是否垂垂老矣？

去看一看华尔街。我们告诉他，华尔街周末关门，没什么可看的，但小平坚持一定要去华尔街看一看。我们当时对小平坚持去还不大理解，后来明白了他老人家非常清楚华尔街的重要性，金融是经济的血脉，华尔街是全球的金融中心。小平在美国期间，美国方面派去了负责保卫的安全人员，一般小平外出是要通知美方的安全官的，而这次小平去华尔街坐的是中国常驻联合国代表黄华大使的车，没有通知美方的安全官。小平去看华尔街是由时任联合国副秘书长唐明照同志陪同的，唐明照同志是美国通。

在1978年十一届三中全会前夕，邓小平于10月22日至29日访问了日本，邓小平访问日本的由头是为中日签订的和平友好条约换文，就是互换两国立法机构批准条约的文书。按照国际惯例，条约换文之后才能够生效。

邓小平在访问期间除去拜会天皇，与日本首相、议会领导人、各党派领袖、政界头面人物举行会谈和会晤外，邓小平还参观了日本的企业。他参观的第一家企业是日产汽车制造厂。邓小平看得很仔细，同时比较日产汽车制造厂的劳动生产率和当时中国最先进的汽车制造厂长春第一汽车制造厂的劳动生产率。比较下来发现，日产是长春的几十倍。参观结束后，邓小平感叹了一句："我现在明白了什么叫现代化。"

邓小平看清楚了世界的大势，坚决主张改革开放，带来了中国过去30多年的大发展和大进步。

## 三、当今的天下大势
## ——一条主线，两大潮流，三个中心

纵观当今的世界形势，今天的天下大势大体可以概括为三条：一条主线，两大潮流，三个中心。

### 一条主线——单极与多极之争

1991年12月25日，苏联解体，冷战结束。这标志着历时40多年的雅尔塔体制崩溃，两极格局寿终正寝。美国成为世界上唯一的超级大国，世界进入了一个走向新格局的过渡时期。

建立一个什么样的新格局？国际上存在着两种截然不同的看法：美国主张建立一个美国主导的单极世界；而世界上其他国家，特别是在未来世界新格局中，有可能成为多极的国家和国家集团则坚决反对，主张建立一个多极的世界。这样，在世界走向新格局的过渡时期里，国际关系的主线是单极和多极之争。

冷战结束23年了，国际关系发生了重大的变化。回顾这23年的历程，单极与多极的较量是非常明显的。

我们都还记得苏联解体后，美国的精英阶层曾经一度欣喜若狂，认为“历史终结了”，美国作为唯一的超级大国可以雄踞天下，千秋万代。

冷战结束初期，美国占了信息革命的先机，经济稳定、持续增长。2001年，美国的GDP占到全球的31%，这是美国在二战结束之后，在全球经济中的比重登上的又一个高峰。与此同时，美国的综合实力，特别是军事实力和科技创新能力举世无双。美国以为完全可以凭借自己的实力建立一个单极的世界。

然而，世界的发展与变化并不是美国所能主宰的。冷战结束后，不仅欧盟在扩大，而且一批新兴大国，诸如中国、印度、巴西、俄罗斯、南非等都在崛起。它们都主张建立一个多极的世界，而且坚信，多极世界

专题链接

**福山：**
**历史的终结？**

1989年，时任美国国务院政策计划司副司长的日裔美国学者弗朗西斯·福山在美国《国民利益》杂志上撰写了一篇文章《历史的终结？》。在东欧巨变、社会主义阵营解体的背景下，福山提出“历史终结论”。他认为，共产主义的失败意味着历史的终结，历史的发展只有一条路，即市场经济和民主政治的西方资本主义。文章发表后不久，苏联解体，冷战结束，这似乎印证了“历史终结论”的预见性，福山因此名声大振。受此鼓舞，1992年福山发表了新作《历史的终结及最后之人》。福山在书中断定，西方的自由民主制度将是“人类意识形态发展的终点”和“人类最后一种统治形式”。20年后，2008年的全球金融危机对“历史终结论”造成了沉重打击，这一命题引起越来越多人的质疑。面对社会主义中国的崛起，福山在一篇题为《历史的未来》的文章中承认“历史终结论”有待进一步推敲和完善。

2011年12月17日，伊拉克纳西里耶，加法营地的美军士兵准备撤离。最后一支美军部队18日离开伊拉克，进入科威特。至此，美军已完成撤离伊拉克的整个计划。伊拉克战争于2003年爆发，造成约4500名美军士兵死亡、超过10万伊拉克人丧生。

是一个更加稳定、和平、繁荣、民主的世界。它们追求多极世界的立场也是坚定不移的。

2003年3月20日美国发动了伊拉克战争。美国执意要打伊拉克，世界上许多国家是不赞成的，法国和德国坚决反对打，中国和俄罗斯也不赞成打。

2003年2月6日，法国总统希拉克曾与我有一次单独的谈话，他对我说："美国要打伊拉克，很想拿到安理会的一纸决议。有了这个决议，它打伊拉克就是合法的；没有这个决议，它打伊拉克就是非法的。法国和中国都是安理会常任理事国，我们面临的问题是，要不要给美国这个决议？"希拉克总统问的问题，也正是我脑子里一直在思考的问题，他现在直截了当地问我，显然他已经有了一个答案。我就反问他："您说该给还是不该给？"希拉克总统断然地把大手一挥，说："不能给！给了，这个世界今后15年到20年就是美国的。法国、中国、欧盟、俄罗斯统统不作数。"

冷战结束之后，进入新世纪，美国发动了两场战争，阿富汗战争和伊拉克战争。这两场战争不仅给阿富汗人民和伊拉克人民带来了深重的灾难，而且对美国的国力挫伤严重。美国人自己估计两场战争的开支大约为6万亿美元。

今天许多美国的精英人士都对在新世纪打了阿富汗战争和伊拉克战争十分懊悔，认为这两场战争给美国造成了巨大的伤害。二战结束后，美国是世界上打仗最多的国家。战争会带来什么后果，美国是一清二楚的。但是，在新世纪，美国为什么要发动这两场战争呢？是美国要建立单极世界的欲望，要向世界显示它的霸主地位，导致了这两场战争。

三、当今的天下大势

专题链接

**监视世界？**
**斯诺登曝光的美国“棱镜门”**

2013年6月，前美国国家安全局雇员爱德华·斯诺登向媒体披露了美国情报部门秘密监听全球公民的“棱镜计划”（PRISM），这就是震惊世界的美国“棱镜门”事件。根据斯诺登掌握的秘密文件，自2007年小布什总统在任时起，美国情报部门就开始实施这项庞大的绝密级电子监听计划，该计划的正式名称为“US-984XN”。美国情报当局通过接入互联网公司中心服务器，对全球公民的互联网聊天、电子邮箱、电话和短信等数据进行监控，以这种方式对欧盟和北约盟友在内的各国驻美大使馆、代表处进行监听，包括美国盟国在内的各国领导人也都在监听范围之列。由于披露了美国监视世界的真相，斯诺登遭到美英两国的全球通缉。斯诺登从美国飞到香港又乘机飞到莫斯科，在舍列梅季耶沃机场中转区滞留长达1个多月，他向许多国家提出了避难申请，最终获得俄罗斯为期一年的临时庇护。“棱镜门”事件是单极与多极世界态势中双方较量的反映。

2008年的金融危机催生了20国集团峰会，20国集团峰会头三次会议开得很成功，使得这场大的金融危机没有像1929年那场大危机那样演变为大萧条。20国集团峰会的成果本身就说明世界正在走向多极。显然，在经济和金融领域，美国想要建立单极世界、一家说了算，大概很困难了。

然而，美国要建立单极世界的欲望，只要有机会，是一定会表现出来的。

2013年10月23日，德国总理默克尔给奥巴马总统打电话批评美国窃听她的手机。据说窃听的时间已经长达10年之久，默克尔总理非常生气，把这件事情公之于众。她认为美国这个做法，侵犯了她的隐私，也侵犯了很多欧洲民众的人权，是不能接受的。

无独有偶，巴西总统罗塞夫也是因为美国窃听她的手机电话愤然推迟了她对美国的访问。

实际上美国窃听的不仅是德国和巴西领导人的电话，大概全世界绝大多数国家领导人都被窃听。这是一个简单的窃听事件吗？

为什么默克尔总理、罗塞夫总统生那么大的气，这样的事情要是在冷战时期大概不会闹得那么大。为什么冷战结束了，美国要对各国领导人，包括美国盟国的领导人也进行窃听。我想事情的本质不单单是一个窃听的问题，它反映了美国想利用其技术优势，来实现建立单极世界欲望的表现。美国窃听事件引起了全世界的愤怒，美国人为此的辩解是苍白无力的，说是为了反恐，德国方面做了有力的反驳，指出看不出窃听默克尔总理的电话与反恐有什么关系。

窃听事件是2013年国际上十分引人注目的事件，这是单极与多极较量的反映。单极与多极之争是世界走向新格局很长的过渡时期里，国际关系的主线。

## 两大潮流——和平、发展、合作、共赢与冷战、对抗、冲突、仇恨的较量

上个世纪70年代，在美国结束了越南战争之后，随着席卷全球的争取民族独立和解放的斗争取得决定性的胜利，时代的主题逐渐发生了变化，从战争与暴力革命的时代进入了以和平与发展为主题的时代。

时代主题的变化是国际关系中最大的变化，导致发生这一变化的因素，主要有下列五条：

### 两次世界大战的惨痛教训，教育了人类

有人类历史就有战争，但是打得最惨烈的是两次世界大战，总共死了1亿

联合国诞生。

联合国是一个由主权国家组成的国际组织。在1945年10月24日在美国加州旧金山签订生效的《联合国宪章》标志着联合国正式成立。在第二次世界大战前，存在着一个类似于联合国的组织国际联盟，通常可以认为是联合国的前身。联合国对所有接受《联合国宪章》的义务以及履行这些义务的“热爱和平的国家”开放。2011年由于南苏丹共和国宣布独立并被第65届联合国大会一致通过决议，联合国由原来的192个成员国，增至193个。这是1945年10月24日，中国代表在联合国成立大会签字仪式上签字时的情形。

多人。当时的世界人口不是今天的71亿，而是20亿上下，死1亿多人是很多的了。第二次世界大战结束之后，人类痛定思痛，决定成立联合国。成立联合国首先就要起草联合国宪章，宪章是用英文起草的，宪章开宗明义是这样说的：

“We, the peoples of the United Nations, determined to save succeeding generations from the scourge of the war, which twice in our lifetime has brought untold sorrow to mankind.（我联合国人民同兹决心，欲免后世再遭今代人类两度身历惨不堪言之战祸。）”

这就是联合国的宗旨，也是人类良知的体现。战争教育了人类，人类再也不能像两次世界大战那样互相残杀下去了。

## 核武器的出现，对爆发世界大战有重要的制约作用

核武器的出现毋庸置疑对爆发世界大战有重要的制约作用。当今世界上已经生产出来的核武器，主要是美国和俄罗斯的，足以毁灭我们的地球若干次。地球毁灭一次和毁灭十次有什么差别？毁灭一次还不够吗？

请大家注意，上个世纪两次世界大战，间隔的时间很短。第一次大战于

20世纪20年代末30年代初，失业的英国人在街上示威，抗议经济大萧条。

1914年至1918年进行，仅在21年后，第二次世界大战于1939年就爆发了。而二次大战1945年结束后，到现在已经69年了，尽管局部战争不断，但是没有爆发新的世界大战。二战结束以来，人类有几次曾经走到了核战争的边缘，但后来都退回去了，道理很简单：战争的目的是占领对方领土，统治对方人民，获取对方的资源。战争的目的不是大家都完蛋。

69年不打世界大战，今后31年会打吗？大概打不起来。如果一百年不打世界大战，今后还打得起来吗？大概更难了。

### 全球化，各国相互依存度越来越紧密

全球化使世界各国的相互依存度从来没有像今天如此之深，形成了你中有我、我中有你的局面。发动战争总是为了打别人，不会自己打自己吧。

2008年爆发了一场破坏力堪与1929年大危机相比的金融危机。危机首先是在美国爆发的，我们设想一下，如果这场危机提前40年，在1968年爆发又会怎么样。1968年中国人还在搞“文化大革命”，天天喊：“打倒美帝国主义！”危机到来，中国人会作何反应？我想中国人会非常高兴，欢欣雀跃的，中国人会说：“敌人一天天烂下去，我们一天天好起来！”然而，2008年危机在美国爆发后，中国国家主席胡锦涛讲了八个字：“携手合作，同舟共济。”这两句话受到了全世界的赞扬与肯定。的确，这场危机太严重了，人类只有携手合作，才能共同克服危机带来的影响。到今天为止，危机的后果仍然未完全消除，但是令人欣慰的是，这场危机并没有演变为大萧条，这就是人类共同合作的结果。

## 西方世界进行了深度的改良，施行丰厚的社会保障体制

西方世界的深度改良包含两个方面：一是对外政策做了重大的调整，放弃了殖民体系。在第二次世界大战之前，这个世界被西方几个大国瓜分完毕，建立了各自的殖民体系。二战结束后，在风起云涌的争取民族解放运动大潮的冲击下，许多殖民地、半殖民地的国家纷纷要求独立。少数国家通过武装斗争取得独立，多数国家通过谈判取得独立。这就意味着这些西方大国意识到，汹涌澎湃的争取民族独立与解放的大潮，是无法抗拒的。它们不得不放弃了殖民体系，殖民帝国一个个纷纷解体。

二是西方国家的国内政策也进行了深度的改良。我们都懂得，第一次分配讲效率，第二次分配讲公平。我在法国担任大使期间，有一次问法国的一位大部长即财政经济工业部长（法国有总理，没有副总理，这位部长相当于我国的常务副总理）："法国拿出多少钱来进行第二次分配？"他看着我笑了笑，说："吴大使，我们拿出不得了的钱进行第二次分配。"我接着问他："你能不能给我一个数字？占你GDP的百分比多少？"他给的数字，是占法国GDP的46%。

我在法国的时候，法国的人口为6200万，GDP大约为2万亿美元。拿出2万亿中的46%进行第二次分配，那就意味着法国有一个庞大的、丰厚的社会保障体系，包括失业保险、养老保险、疾病保险，以及生孩子补贴。在这个丰厚的社会保障体制下，人完全能够生存下去。革命是被逼出来的，是要掉脑袋的，人只有生存不下去的时候才会闹革命，能够生存下去绝不会闹革命。

几年前，法国大城市的周围发生了骚乱，有记者问我会不会爆发革命，我断然回答说不会，这个时代过去了。

## 发展的问题突出，各国需要共赢

全球化使地球变小了，然而随着全球化的深入，南北差距在拉大。按照联合国的统计，人均生活费每天1到2美元的，全球大约有二三十亿人。世界上有这么多穷人，当然发展问题突出了。

时代主题变了，很多东西必须跟着变，小平同志在这方面给我们做了榜样。1984年10月22日，小平同志在中央顾问委员会第三次全体会议上，讲了这样一番话："解决国际争端，要根据新情况、新问题，提出新办法。"

小平一连用了三个"新"，每个"新"都有确切的含义：新情况，最大的新情况是时代变了；新问题，1984年距离1997年、1999年临近了，港澳回归的问题提上了议事日程；新办法，就是"一国两制"。

1984年，我在外交部政策研究室工作。中午在外交部的大食堂吃饭，与外交部港澳办公室的同志坐在一起，同他们聊天。我问他们："港澳如何回归啊？"他们回答我说："你单纯要港澳回来很容易，用不着出动解放军，英国驻香港那几个兵不够我们解放军打；葡萄牙在澳门连兵都没有，就几个警察，更不行。你只要采取一条措施，把港澳需要的淡水给他断了，港澳就会回来。"

此刻小平讲了几句话，我们外交部听了之后觉得讲得非常深刻。小平说:“我要回归的香港、澳门，是保持繁荣稳定的香港、澳门，而不是贫困、动荡的香港、澳门。”

上述这番话，讲得多么深刻啊！如果港澳回归了，外国资本全部撤走了，老百姓生活水平大幅度下降，天天上街游行，你中央政府有多少钱往里贴吧，这是无底洞!

香港、澳门按照一国两制的构想，顺利回归了，而且保持了繁荣稳定，这多好！一国两制好在什么地方？好就好在既考虑到中华民族，包括港澳同胞的根本利益，又考虑到外国资本在港澳的利益。在二者之间找到了一个平衡，实现了共赢。

“共赢”这个词，出现在中国领导人的语汇当中，并没有很长的历史。习近平主席非常重视共赢，他在描述时代潮流的时候，把共赢加上去了，认为“和平、发展、合作、共赢”是时代潮流。这两个字加得很对，反映了游戏规则的变化。

中国领导人第一次用“共赢”这两个字，是1999年11月15日，中美双方达成了关于中国加入WTO的双边协议，江泽民主席会见中美双方的谈判代表和他们的班子时说的。

中方的首席谈判代表是龙永图副部长；美方的首席谈判代表是美国总统贸易谈判代表巴舍夫斯基。我和龙永图部长认识几十年了，早在上个世纪70年代，我们就在中国常驻纽约联合国代表团共过事。

中国领导人用共赢两个字，显然与时代的变化密切相关。在战争与革命的时代能够共赢吗？在战场上，是你死我活，没有共赢；革命是一个阶级推翻另外一个阶级的暴力行动，也没有共赢。只有时代主题从战争与革命，转变为和平与发展的时候，才会有共赢。

小平同志在1984年10月22日同一篇讲话中，还讲到了钓鱼岛和南海诸岛的问题，他老人家提出的方针可以概括为12个字：主权归我，搁置争议，共同开发。现在看来，这12个字，字字千钧。

请大家注意，80年代邓小平会见外宾反复讲一个观点：解决国际争端，最好不诉诸武力，用和平的方式来解决。邓小平打了一辈子仗，他是最懂得战争的。人类历史上，为领土主权打仗的事不计其数。而今天邓小平强调不通过武力来解决，而是通过搁置争议、共同开发的办法来解决领土争端。邓小平所表现出来的睿智和远见，不能不让人折服。

请大家看一看，世界进入21世纪之后，国际关系中出现了一些新的东西。什么新的东西？最引人注目的是，战争的威力远没有过去那么大了。在人类几千年的历史上，国与国之间发生了争端，如果用和平手段解决不了，那就诉诸战争，战争解决一切问题。对于战争的结果，双方也都认了。然而，进入新世纪后，美国人发动了两场战争，阿富汗战争和伊拉克战争。阿富汗战争从2001年10月7日打响，到现在已经十多年了，还没有完全结束。伊拉克战争于2003年3月20日打响，今天尽管美军已经撤出了，但是暴力冲突依旧不断。

阿富汗战争和伊拉克战争，交战双方实力悬殊。一方是美国、北约，另一方是塔利班政权和萨达姆政权。就军事实力而言，一个天上，一个地下。打了那么长时间，解决了什么问题？不仅什么问题都没有解决，而且给美国

### 亨廷顿：文明的冲突

美国政治学家塞缪尔·亨廷顿1993年夏在《外交季刊》上发表了《文明的冲突》一文，首次提出“文明冲突论”。1996年，他又出了一本新著，名为《文明的冲突与世界秩序的重建》。作者认为21世纪国际政治角力的核心单位是文明，而不是国家，文明间的冲突将是未来世界冲突的主导模式。亨廷顿认为，未来世界的命运将有下列几大文明间的相互作用决定，它们是西方文明、中华文明、日本文明、伊斯兰文明、印度文明、斯拉夫—东正教文明、拉丁美洲文明，非洲文明也在可能之列。他指出，未来战争将在西方文明和非西方文明之间爆发，由文化划分出来的不同文明交界线将成为新的地缘政治分界线或断裂线，这些界线将是未来冲突的前线。“文明冲突论”自从问世便颇受争议，有人批评该理论人为地造成各文明间的断裂线，加剧了文明间的冲突。它尤其与中华文明一向倡导的和而不同、开放包容的文明理念相悖。

人带来了一大堆麻烦。因为这两场战争加剧了基督教文明与伊斯兰教文明的冲突，全世界伊斯兰教的信众高达16亿，可以预计，美国在今后相当长的时期，会要花费更大的人力、物力和财力来应对这两场战争带来的后果。

随着时代主题的变化，世界上出现了两大潮流：

第一股潮流是和平、发展、合作、共赢的潮流。推动这股潮流前进的是两股力量：一股是全球化带来的相互依存，人类从来没有像今天这样如此之相互依存。第二股力量是人类所面临的共同挑战从来没有像今天这样如此之严峻，譬如像气候变化、恐怖主义、自然灾害、毒品走私、流行疾病等。一个国家，不论其如何强大，都无法单独应对这些严峻的挑战。

与前一股潮流相对立的还有另外一股潮流，那就是冷战、对抗、冲突、仇恨的潮流。因为今天的世界是从旧世界发展过来的。推动第二股潮流的也是两股力量：一股是思维的惯性，人们的思想往往落后于现实，这是经常发生的事情。世界变了，人们的思想还停留在过去，停留在冷战时期。另一股力量是既得利益集团。他们唯恐天下不乱，他们希望世界爆发新的冷战，爆发对抗冲突，因为世界越动荡，冲突越多，就越便于他们从中渔利。

特别需要指出的是，随着时代主题的变化，游戏规则也在发生变化，从零和游戏正在转变为正和游戏。什么是零和游戏？零和游戏就是我赢你输、我胜你败、我兴你衰。什么是正和游戏？正和游戏就是互利共赢。零和游戏在世界上实行了几千年，形成了强大的惯性。人们总是生活在惯性之中。惯性不知不觉影响了人们的思想和行为。

由于上述原因，环顾今天的世界，各种事件让你眼花缭乱，目不暇接。但仔细看，都是两大潮流在较量的反应。第一股潮流，和平、发展、合作、共赢的潮流代表着光明和人类的未来。第二股潮流，冷战、对抗、冲突、仇恨的潮流，代表着黑暗和过去。这两大潮流的较量将会决定21世纪人类的命运。

2013年，第一股潮流取得了一些进展：

伊朗核问题经过艰苦的谈判，六国与伊朗终于在2013年11月24日达成了一项阶段性的协议，这是来之不易的。这个协议尽管是初步的，但却给解决伊朗核问题带来了希望。

叙利亚内战是当今世界上最大的热点。围绕叙利亚化学武器问题，美国曾经威胁要对阿萨德政府动武。后来经过各方的共同努力，叙利亚阿萨德政府同意销毁自己所掌握的全部化学武器，避免了美国的干预和冲突的升级。中东地区人民和全世界人民都松了一口气。大家都认识到叙利亚内战问题只有和平解决。

第一股潮流是和平、发展、合作、共赢的潮流。推动这股潮流前进的是两股力量：一股是全球化带来的相互依存，人类从来没有像今天这样如此之相互依存。第二股力量是人类所面临的共同挑战从来没有像今天这样如此之严峻，譬如像气候变化、恐怖主义、自然灾害、毒品走私、流行疾病等。一个国家，不论其如何强大，都无法单独应对这些严峻的挑战。

与前一股潮流相对立的还有另外一股潮流，那就是冷战、对抗、冲突、仇恨的潮流。因为今天的世界是从旧世界发展过来的。推动第二股潮流也是两股力量：一股是思维的惯性，人们的思想往往落后于现实，这是经常发生的事情。世界变了，人们的思想还停留在过去，停留在冷战时期。另一股力量是既得利益集团。他们惟恐天下不乱，他们希望世界爆发新的冷战，爆发对抗冲突，因为世界越动荡，冲突越多，就越便于他们从中渔利。

专题链接

**乌克兰危机，**
**欧洲陷入新冷战？**

2013年11月21日，乌克兰总统亚努科维奇宣布暂停同欧盟签署联系国协定。此举引发国内示威抗议，示威最终演变为暴力冲突，造成多人伤亡。2014年2月21日，乌总统和反对派签署协议，决定恢复2004年宪法，提前举行总统选举。次日，基辅发生政权更迭，乌议会罢黜总统亚努科维奇，将总统选举日定于5月25日。亚努科维奇逃离基辅后遭通缉，乌克兰国内矛盾不断升级。克里米亚3月16日举行全民公投加入俄罗斯，顿涅茨克、卢甘斯克等地相继宣布独立，乌军进入东部进行清剿，乌克兰进入内战状态，至今危机仍没有结束迹象。乌克兰危机是冷战结束后欧洲面临的最严重的一次地缘政治危机，俄罗斯与西方在乌克兰问题上剑拔弩张。对于克里米亚入俄，西方坚决不予承认，美欧对俄罗斯不断加大制裁，人们不禁惊呼欧洲又要陷入新冷战。

特别需要指出的是随着时代主题的变化，2013年12月7日，在印度尼西亚巴厘岛举行的世界贸易组织第九届部长级会议，就多哈回合“早期收获”达成了协议。多哈回合谈了12年了，今天能够达成协议显然对全世界都是一个好消息。

但是，2014年以来，第二股潮流在那里疯狂反扑。除去叙利亚的内战还看不到尽头之外，乌克兰危机在恶化。4月17日美国、欧盟、俄罗斯和乌克兰四方外长在日内瓦举行会议，达成了协议。但协议墨迹未干，俄罗斯与美欧之间就开始了对骂，纷纷指责对方没有履行协议。俄罗斯在俄乌边境进行大规模军事演习，北约也在欧洲加强了军事部署。西方世界在谈论要对俄罗斯进行“遏制”，仿佛又要回到冷战时代了。许多国际问题专家认为，乌克兰危机是冷战结束后最严重的危机。

就中国而言，我们坚决支持和平、发展、合作、共赢的潮流。中国的崛起得益于这股潮流，而中国崛起的本身又壮大了这股潮流。

## 三个中心——欧洲、中东和北非、东亚

环顾今天的全球形势，可以明显看到有三个中心：

一是金融危机的中心在欧洲。

2008年金融危机首先在美国爆发，后来随着欧洲主权债务危机愈演愈烈，金融危机的中心逐渐转移到欧洲。2013年欧洲的经济仍处于衰退之中，欧

1948年5月，约旦阿拉伯军团攻击下，耶路撒冷正在撤离的以色列人。

洲人正在同这场危机及其后果进行苦斗。今天欧洲的经济情况正在好转，这是令人欣慰的。

二是局部战争、对抗、动荡、冲突的中心在中东和北非。

这个地区是全球麻烦最多的地区，叙利亚内战就是其集中的表现。叙利亚内战各种势力都在插手，大国在那里较量，地区大国在那里角逐，文明冲突在那里进行，不同的教派在那里厮杀，长达60多年的阿拉伯与以色列的冲突在那里延续。这个地区吸引了全球，特别是大国的外交上的注意力。在可预

2003年6月24日，在海上宣示中国钓鱼岛主权的中国香港保钓人员。

见的将来，中东和北非作为全球动荡中心的局面还会继续下去，这是非常不幸的。战争和动荡形势的持续给这个地区的人民带来了深重的苦难，国际社会也要为此投入大量的人力、物力、财力来缓解危机。

三是经济增长的中心在亚洲，特别是东亚。东亚地区是过去几十年全球经济中增长最迅速、最有活力的地区。

2013年全球经济增长率为2.9%，美国为1.6%，欧洲为−0.4%，日本为2.5%，亚洲的新兴国家为7.1%。2014年预计全球增长3.5%，美国为2.6%，欧洲为1%，日本为1.2%，亚洲的新兴国家为6.5%。

上述数据表明，全球经济增长的中心仍然在亚洲，特别是东亚和南亚。2008年的金融危机已经持续5年了，世界要步出经济衰退的阴影，要靠增长，而亚洲经济增长高出全球经济增长4个百分点。亚洲的经济增长不仅亚洲需要，而且全世界也需要。

毋庸讳言，今天的亚洲也还存在着不少麻烦，亚洲国家围绕领土、主权问题有严重的争端，特别是中日两国围绕钓鱼岛问题出现的紧张形势。

然而，把亚洲形势放在全球局势中来观察，是否可以得出这样两个结论：

一是亚洲保持经济持续增长，保持作为全球经济增长中心的地位不仅亚洲需要，而且全世界需要。

二是今天世界上的主要国家和国际社会，没有一家想把亚洲地区搞乱，使亚洲经济增长的势头中断，因为这样做不符合它们的根本利益。

综上所述，国际形势总体上对于中国的崛起是有利的，也证实了中央关于21世纪头20年，乃至更长的时间，是中国面临的战略机遇期的判断。十八届三中全会后，中国的经济发展处在一个新的起点上，良好的国际环境对于中国至关重要。我们要紧紧抓住，并且认真用好这个战略机遇期，为实现中华民族的伟大复兴，中华文明的伟大复兴而努力。

纵横
天下
叁

叁



# 变法图强

战国时期是中国历史上第一次社会大变革的时期，西周以来所实行的奴隶制逐渐走向瓦解，被以土地私有制为基础的新兴地主阶级所代表的新生产方式所取代。当时诸侯国群雄并立，相互争霸，究竟谁能够最后统一中国，取决于谁的力量最大。只有国力最富、兵力最强的国家，才能够统一中国。富国强兵是各诸侯国所追求的目标，如何才能富国强兵？只能靠变法。所以变法的本质是，废除旧体制，建立新体制。变法图强风靡战国时各诸侯国，历时近二百年，诸侯国在变法方面展开了竞赛，看谁的变法最能够解放生产力。而百家争鸣中涌现出的看清时代潮流，认识到能够用什么办法解放生产力的先进知识分子，就成为变法的提出者、推动者和执行者。

## 一、变法图强风靡战国时期

变法成为当时战国时期的一股潮流。从魏国李悝变法开始，到燕昭王时乐毅改革，前后持续了近200年。除去秦国的商鞅变法外，还有：

### 李悝变法

魏国人李悝生于公元前455年，是战国时期变法的开山鼻祖，也是法家实际上的创始人。魏国的领土主要包括现在的山西南部和河南北部，西有秦、韩，南有楚，北有赵，东有齐，可谓是地处诸侯国包围之中。不利的地理位置，也促使魏国国君最早开始变法图强。魏文侯（公元前445年至公元前396年在位）曾任用李悝为相，进行变法改革，开战国时期变法之先河。

李悝变法的主要内容是：

政治上废止世袭贵族特权，选贤任能，赏罚严明。这是对奴隶制的重大改革，为新兴的地主阶级凭战功和能力走上仕途开辟了通道。

经济上实行尽地力、平籴法。尽地力就是大力发展农业，鼓励农民生产。他做过这样一番计算：一百平方里之内，有土地九万顷，除了山川、河流湖泊、人居占去三分之一之外，可开田地六万顷，“治田勤谨则亩益三升，不勤则损亦如之。地方百里之增减，辄为粟百八十万石矣”。（班固，《汉书·食货志上》）也就是说，同样面积的田地，勤劳耕种，充分利用地力的话，能增产一百八十万石。反之，则会减产一百八十万石。因此，大力鼓励农

浮雕：魏文侯，山西省运城市南风广场壁画长廊。

业生产是变法的重中之重。

平籴法就是由国家控制粮食的购销和价格：政府在丰年以平价收购农民余粮，防止商人压价伤农；在灾年则平价出售储备粮，防止商人抬价伤民。这就有效地制止了“籴甚贵伤民，甚贱伤农”的现象。

李悝的变法促进了魏国农业生产的发展，使魏国因此而富强。他为了巩固变法成果，汇集了各国刑典，著成《法经》一书，这是中国历史上第一部比较系统的成文法典。后来商鞅就是带着《法经》前往秦国的。李悝改革中，废止世袭贵族特权、重农、制定法律等思想主张，后来的改革者都或多或少地有所继承。

吴起
战国时期著名的政治家、改革家、军事家。

## 吴起变法

吴起生于公元前440年，本是卫国人，后来辅佐楚悼王变法取得了成功。吴起通晓兵、法、儒三家思想，先后侍奉过鲁、魏、楚三国国君。吴起侍奉魏国时尽心尽力，魏文侯在位时，吴起被任命为主将，严格训练士卒，在军队里，吴起和士兵同甘共苦，广受爱戴。因此士兵们忠心追随他南征北战，几无败绩，可谓是常胜之师。《战国策》中这样赞叹道："夫使士卒不崩，直而不倚，挠拣而不辟者，此吴起余教也。"（刘向，《战国策·魏策一·魏公叔痤为魏将》）意思是因为吴起的教导，魏国的士兵从不会溃败，他们坚韧不屈，百折不挠。

魏文侯死后，魏武侯即位，一次和大臣们乘船在西河上巡视。魏武侯望着山川险阻，赞叹说有这样的地势地利，国家定能安稳长盛。大臣们听后纷纷出言附和，唯独吴起冷冷地道："吾君之言，危国之道也；而子又附之，是危也。"（刘向，《战国策·魏策一·魏武侯与诸

吴起马上塑像，陕西吴起县吴起广场。

大夫浮于西河》）他竟然直斥魏武侯，认为他的言论会将国家引上危险的道路，身为人臣更不该谄媚地去附和国君。魏武侯听后大怒，质问吴起有什么根据这么说。

吴起毫不退缩，说："河山之险，信不足保也；是伯王之业，不从此也。"他认为山川地势的险恶，并不能保障国家的安定，也不能成就霸王之业。他列举了古时夏朝、商朝的国都，也都是占据地势扼要、固若金汤的城池，但都因为朝政腐败、民不聊生而难逃覆灭的厄运。

魏武侯听后感叹道："吾乃今日闻圣人之言也！"

但很可惜，后来魏武侯听信谗言，迫使吴起离开了魏国，吴起只好投奔求贤若渴的楚悼王。

战国初期，楚国地广人众，一度强盛过，但后来政治腐败，经济落后，国力一直萎靡不振。于是楚悼王于公元前386年至前381年，任用吴起为令尹（相当于宰相），实行变法。

吴起敏锐地看到，楚国衰落的原因是"大臣太重，封君太众"（韩非，《韩非子·和氏》），即大臣的权势太大，使得国君权力旁落；无功受禄的贵族太多，成为国家财政上的大包袱。为扭转这种局面，吴起推行均爵平禄，规定分封的贵族只能延续三代，并把一些贵族分配到地广人稀的边远地区。

他还精简政府机构，削减官吏俸禄，将节约下来的俸禄用于强兵；重用贤能之士，奖励真正为国效力的人；整顿官场腐败，严禁徇私枉法。

吴起也制定了法律并将其公布于众，以巩固改革成果。一系列变法使得楚国国力转盛，在公元前381年联合赵国大败魏国。

司马光著《资治通鉴》塑像，山西夏县司马光祠广场。《资政通鉴》是我国最大的一部编年史，作者在记述中对于重大的历史事件的前因后果，与各方面的关联都交代得清清楚楚，使读者对史实的发展能够一目了然。

## 邹忌变法

齐威王时期，邹忌为相，开展政治改革，推行“谨修法律而督奸吏”（司马迁，《史记·田敬仲完世家》），制定法规，注重人才的推荐和选拔，监督打击奸吏，提拔奖赏得力的将领和官吏。邹忌还说服齐威王广开言路，虚心纳谏，帮助齐国招揽到大量人才。

我们的中学语文课本中收入了《战国策·齐策一》中“邹忌讽齐王纳谏”这篇文章，说的正是邹忌劝君主广开言路，改良政治的故事。齐威王从善如流，听取了邹忌的劝诫。《战国策》对此作了绘影绘声的描述：

（邹忌）于是入朝见威王，曰：“臣诚知不如徐公美，臣之妻私臣，臣之妾畏臣，臣之客欲有求于臣。皆以美于徐公。今齐地方千里，百二十城，宫妇左右莫不私王；朝廷之臣，莫不畏王；四境之内，莫不有求于王。由此观之，王之蔽甚矣！”

王曰：“善。”乃下令：“群臣吏民，能面刺寡人之过者，受上赏；上书谏寡人者，受中赏；能谤讥于市朝，闻寡人之耳者，受下赏。”

令初下，群臣进谏，门庭若市。数月之后，时时而间进。期年之后，虽欲言，无可进者。

燕、赵、韩、魏闻之，皆朝于齐。此所谓战胜于朝廷。

齐威王听从了邹忌的建议，整顿吏治，奖励为人正直的即墨大夫，烹杀阿谀奉承的阿大夫。《资治通鉴》对此评价道：“群臣耸惧，莫敢饰非，务尽

申不害

战国时期法家重要代表人物之一，思想家。以“术”著称，百家争鸣的代表人物。

其情。齐国大治，强于天下。”

邹忌变法巩固统治秩序的同时，谋求国家的富强，这自然有利于社会生产的发展。因而经过一番改革，齐国的社会风貌焕然一新，国家走向强盛，在很长时间内都是中原的霸主。

## 申不害变法

韩国与其他大国相比，无论从国土面积，还是从国力上讲，都不能算是强国。此时，各国的变法运动风起云涌，不变法就有落后和被别人吃掉的危险。在已经进行的变法中，魏国的李悝变法是比较成功的。李悝是法家人物，所以，韩昭侯也想用一个法家人物主持变法，于是他选中了申不害。

申不害生于公元前385年，原是郑国人，韩哀侯二年即公元前375年时，郑国为韩国所灭，申不害就成了韩国的一位低级官员。但他的智慧和才干渐渐得到了韩昭侯的赏识，逐步成为韩国的重要谋臣。

公元前353年，魏国军队大举伐赵，围攻赵国都城邯郸，赵成侯无奈向齐国和韩国求援。韩昭侯踌躇不决，就问申不害的意见。申不害非常谨慎，回答说："此安危之要，国家之大事也。臣请深惟而苦思之。"（刘向，《战国策·韩策一·魏之围邯郸》）说这是关乎国家安危的大事，臣需要先深思熟虑一番。然后申不害找来大臣赵卓和韩朝，告诉他们："子皆国之辩士也，夫为人臣者，言可必用，尽忠而已矣。"你们都是国家中能言善辩之人，身为大臣，应本着为国尽忠之心，向国君大胆进谏。于是赵卓和韩朝二人就各自向韩昭侯提出建议，而申不害则暗中观察韩昭侯更倾向于哪位大臣的意见，待那二人走后再向昭侯进谏，因而昭侯听后十分高兴，对申不害自是更加器重。

公元前351年，韩昭侯任用申不害为相，在韩国实行变法。变法的主要内容包括：

**整顿吏治，加强君主集权统治。**

打击挟封地自重的侠氏、公厘和段氏三大强族，果断收回其特权，清理其府库，将他们贮藏的财富用于充盈国库。

**大行"术"治，整顿官吏队伍，对官吏加强考核和监督，依据功劳大小封赏，依据能力高低授予官职。**

《战国策》中记载，申不害自己曾请求韩昭侯赐一个官职给他的堂兄。可韩昭侯不同意，认为这不符合之前变法的主张，还说："子尝教寡人循功劳、视次第，今有所求，此我将奚听乎？”（刘向，《战国策·韩策一·申子请仕其从兄官》）意思是，您之前教过寡人按功劳大小、能力不同来赐赏、封官，现在您又提出这样的要求，让我该听从哪一个？申不害心下惭愧，于是向国君请罪。

**整肃军兵，并主动请命，自任韩国上将军，将贵族私家亲兵收编为国家军队，与原有国兵混编，进行严酷的军事训练，使韩国军队的战斗力大为提高。**

**鼓励农民开垦荒地，多种粮食。同时重视和鼓励发展手工业，特别是兵器的冶炼。**

韩国冶炼业的发达闻名天下，这在苏秦以合纵战略游说韩王的说辞中就有体现：

天下之强弓劲弩，皆自韩出。溪子、少府、时力、距来，皆射六百步之外。韩卒超足百射，百发不暇止，远者达胸，近者掩心。韩卒之剑戟，皆出于冥山、棠溪、墨阳、合伯膊。邓师、宛冯、龙渊、大阿，皆陆断马牛，水击鹄雁，当敌即斩坚。甲、盾、鞮、鍪、铁幕、革抉、㕹芮，无不毕具。（刘向，《战国策·韩策一·苏秦为楚合从说韩王》）

苏秦大力赞赏了韩国的兵器冶炼技术，说其生产的强弓劲弩能将箭矢射到六百步之远，说韩国的士兵装备上这些铠甲盾牌，手持锋利的宝剑，可谓是“一人当百”。

### 马其顿国王腓力二世

在冷兵器时代，军事改革往往成为战争力量增强甚至决定国家在战争中战败的关键因素，比如中国的“赵武灵王胡服骑射”，与赵武灵王差不多的马其顿王国也发生过一场重要的军事改革。马其顿国王腓力二世（前359年－前336年在位）有着卓越的军事才华和伟大的政治抱负。在其即位前，马其顿四周强邦林立，战事频仍。公元前359年，腓力二世率军击败雅典，为马其顿迎来了暂时的和平。此后，腓力二世励精图治、推行改革。他对内加强国王权力，建立常备军队，对外大力发展贸易，鼓励与希腊其他城邦和波斯通商。在诸多改革措施中，腓力二世创立的“马其顿方阵”尤值得一提。这是一种由纵横各16名步兵组成的正方阵形。步兵持超长的萨里沙长枪，携防御面积更大的圆盾，还佩带适于近战的短剑。方阵训练有素、团结协作，将各种武器的优势发挥到极致，攻击力因此势不可挡。正是腓力二世的成功改革，为马其顿不断扩张创造了重要条件，也为其子亚历山大缔造横跨欧、亚、非的伟大帝国奠定了坚实基础。

申不害变法使韩国的君主专制得到加强，国内政局得到稳定，贵族特权受到限制，百姓生活渐趋富裕，军事实力增强。韩国虽然国土狭小，又处于强国的包围之中，却能相安无事，成为七雄之一，这其中变法起了关键作用。

## 赵武灵王胡服骑射

赵国地处中原北疆，胡汉交汇之地。公元前326年赵武灵王赵雍即位时，年仅15岁。他父亲赵肃侯生前与魏、韩、齐等国连年交战，同时西边的秦国在商鞅变法后国力日益强盛，隐隐有东侵之意，北部疆界又不时受到胡人骑兵的掠夺，就连小国中山国也仗着有齐国撑腰不时侵扰赵国的土地。值此战事多发之际，军队的战斗力高低关乎国家的兴亡。在一次次与邻国交战和抗击胡人骑兵侵扰后，赵武灵王深谙骑兵在战场上的威力以及胡人服饰在作战时的便利，和宽衣、博带、长袖的汉人服装相比，胡人的服装在战

"武灵王胡服骑射"雕塑，山西灵丘县赵武灵王墓前。赵武灵王（公元前340－前295年），名雍，战国时赵肃侯之子，赵国的第六代国君。赵武灵王推行的"胡服骑射"政策，使赵国因而得以强盛，成为战国晚期实力仅次于秦、齐两国的军事强国。

场上更灵便，更能发挥骑兵的威力。这坚定了赵武灵王推行"胡服骑射"的决心。他亲自带头落实改革，命令军队甚至臣民改穿胡人的短装，束皮带，用带钩，穿皮靴。但改穿异族的服饰，乃改变古法的大事，即便是国君的命令，也遭致了很多人的反对，尤其是守旧的王公贵族。

赵武灵王的叔叔公子成就指出："今王释此，而袭远方之服，变古之教，易古之道，逆人之心，畔学者，离中国，臣愿大王图之。"（刘向，《战国策·赵策二·武灵王平昼间居》）他认为改装易服、不循古法是不得人心的，背离了中国的传统。赵武灵王解释道："夫服者，所以便用也；礼者，所以便事也。是以圣人观其乡而顺宜，因其事而制礼，所以利其民而厚其国也。"他说古时的圣人考察当地的风俗来制作服装，根据行事的便利来制定礼仪，这是有利于民众并能增强国家实力的措施。而乡情、国情不同，风俗习惯都会有变化，礼法、服饰等亦然。赵武灵王还提到赵国打过的败仗和先王们未竟的霸业，说："而叔也顺中国之俗以逆简、襄之意，恶变服之名，而忘国事之耻，非寡人所望于子！"他批评公子成固守中原习俗，却违背了赵

简子、赵襄子两位先人的遗愿，全然忘却了国家蒙受过的耻辱。这一番话，公子成听后跪地拜服，遵循了赵武灵王的命令。

赵武灵王坚持推行的“胡服骑射”改革，使得赵国在军事方面快速崛起，甚至一度能与秦国相抗衡。同时，“胡服骑射”也减弱了华夏民族对游牧民族的鄙夷，推动了双方的交融。

## 乐毅改革

在七国中，燕国地处偏远，也是一个相对弱小的国家。在与他国的战争中也是屡屡受挫，特别是邻国齐国，仗着国力强盛攻占了燕国很多土地。燕昭王在位期间，时时刻刻地想向齐国复仇。为了振兴燕国，他礼贤下士，招揽俊才，而乐毅就是他最大的收获。

乐毅，生卒年不详，中山灵寿(今河北灵寿西北)人，魏将乐羊之后，战国后期杰出的军事家，辅佐燕昭王振兴燕国。

乐毅是将门之后，先祖乐羊为魏文侯魏斯（魏国开国君主）手下的将领，曾领军攻取中山国，立下赫赫战功。

乐毅首先力主在燕国国内推行改革。约公

燕国印。故宫博物院藏，中国文字博物馆陈列展。

元前284年，在燕昭王的大力支持下，乐毅实行了一系列改革：制定法律，严厉法制，奖励遵守法律的人，促使燕国的百姓自觉遵纪守法；整顿吏治，严明赏罚，加强对官吏的审查与考核；重视军队的战法和纪律训练等。这些改革稳定了燕国的国家秩序，提高了燕国军队的战斗力。

为了帮助燕昭王复仇齐国，乐毅建议联合其他国家共同进攻齐国，否则单凭燕国一国还无法与齐国抗衡。于是燕昭王派乐毅和一些说客游说各国国君，多番努力下各国终于达成了一致。

战事一触即发，燕昭王动员了全国兵力，封乐毅为上将军，指挥燕国军队，联合赵、楚、韩、魏等国，大败强大的齐国，攻下齐国城邑七十多座，甚至直捣齐国国都临淄。《战国策》中记载："昌国君乐毅为燕昭王合五国之兵而攻齐，下七十余城，尽郡县之以属燕。"（刘向，《战国策·燕策二·昌国君乐毅为燕昭王合五国之兵》）这一场历时近五年的大战，差点让齐国蒙受亡国之痛。

燕昭王，战国燕君。姓姬名平，燕王哙太子。公元前312－前279年在位。图为河北易县燕昭王塑像。

齐国只剩下三座城邑未被攻克，可就在此时，燕昭王逝世，太子乐资即燕惠王即位。乐资还是太子的时候就与乐毅有矛盾，齐国利用这一点行反间计，昏庸的燕惠王竟撤掉了乐毅，派另一位将军骑劫代替他，心灰意冷的乐毅逃到了赵国。此后，由于骑劫能力有限，被齐国大将田单用计击败，战争形势逆转，燕国军队节节败退，齐国重新收复了土地。而燕国称霸中原的绝佳机会，也就此功亏一篑了。

## 商鞅变法最为成功——极大地解放了生产力

商鞅是卫国国君后裔，故姓公孙，又名卫鞅、公孙鞅。后因立功获封商於十五邑，号为商君。李悝、吴起思想对商鞅的影响很大。

商鞅先是侍奉魏国国相公叔座为中庶子，即侍从，后来公叔座病重时向魏惠王推荐商鞅。《史记·商君列传》中记载："座之中庶子公孙鞅，年虽少，有奇才，愿王举国而听之。"又言："王若不听用鞅，必杀之，无令出境。"意思就是商鞅年轻有才，主公可重用他，否则一定要杀掉他，别让他投奔他国。可惜魏惠王没有听从公叔座的意见，却想不到一语成谶，历史验证了公叔座的预言。不受魏国重用的商鞅后来在秦国变法图强，秦国最后灭掉了包括魏国在内的六国。

公元前361年，秦孝公继位，这是一位有雄心壮志、年轻有为的君主。为了富国强兵，他颁布了求贤令。商鞅听说后，很受鼓舞，携李悝的《法经》前往秦国，几经波折，与秦孝公促膝长谈数日后，秦孝公终于接受了他的富国强兵之策。

公元前359年，决意变法的秦孝公召开朝会，讨论变法方案。朝会上商鞅与贵族代表甘龙、杜挚激烈辩论，针对保守势力“法古”、“循礼”的复古主张，商鞅针锋相对地指出：“前世不同教，何古之法？帝王不相复，何礼之循？治世不一道，便国不法古。”他认为时代、国情不同，不能拘泥古法，而应当“当时而立法，因事而制礼”，根据具体情况采取变法措施，对症下药。他还指出：“汤、武之王也，不循古而兴；殷夏之灭也，不易礼而亡。”认为商汤和周武王，都是在打破古法的基础上建立了一代王朝。而夏朝、商朝的灭亡，就是因为统治者墨守成规，不思变革。商鞅的雄辩令保守势力代表无言以对，变法蓄势待发。

为了向百姓证明“言必信，行必果”，商鞅在国都的南门外竖起一根三丈高的木头，并贴发告示以五十金赏赐将这根木头搬至北门之人。后来又提高至一百五十金，并如约赏给了搬此木之人。这就是“徙木立信”的典故，通过此举商鞅深得国人信任，为变法的推行奠定了民众基础。

公元前359年，秦孝公命商鞅颁布《垦草令》，作为全面变法的序幕。其主要内容有：重农抑商，削弱贵族、官吏的特权，实行统一的税租制度，按农民收入粮食的数量统一征收田租，即土地税。加重贵族、商人的税赋。

公元前356年，第一次变法正式实行。

变法在政治上颁布实行李悝的《法经》，主张轻罪重罚；废除旧的世卿世禄制，奖励军功，颁布按军功赏赐的二十等爵制度；强制推行个体小家庭制度，来扩大国家赋税和兵徭役来源。

战国秦“商鞅”青铜方升铭文拓片，中国国家博物馆古代中国陈列展。

此器是秦孝公十八年（公元前344年）商鞅变法时所规定的标准量器。秦统一六国后，又在其底部加刻了秦始皇二十六年（公元前221年）诏书，命令丞相隗状和王绾把商鞅既定的制度推行到全国。

在经济上，商鞅推行重农抑商，奖励耕织，特别奖励垦荒；规定生产粮食和布帛多的，可免除本人劳役和赋税；限制商人经营的范围，重征商税等。

在文化上，焚烧儒家经典，禁止游宦之民。游宦之民主要就是指主张复古、思想保守的儒生。

公元前350年，秦孝公将国都从栎阳（今陕西渭南市）西迁至咸阳，同时命商鞅进行第二次变法。

第二次变法在政治上推行了县制，以县为地方行政单位，由中央直接管理，这在根本上废除了分封制；统一度量衡制；编订户口，规定居民要登记各人户籍，开始按户按人口征收军赋。

在经济上，第二次变法废除了贵族的井田制，废除了奴隶制土地国有制，实行土地私有制，国家承认土地私有，允许自由买卖。

在文化上，第二次变法革除了残留的戎狄

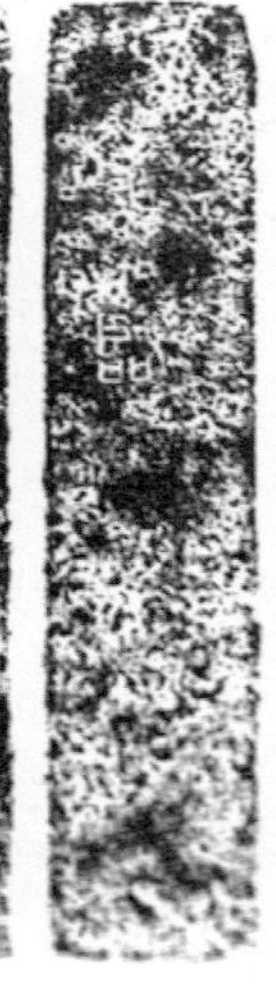

风俗，如禁止父子、兄弟同室居住，推行小家庭政策，否则加倍征收户口税。

可以看出，商鞅变法是全面、彻底的。土地由公有变为私有，奴隶制被废除了，以新兴地主阶级所代表的，新的生产方式建立起来了；结束了封建的分封制度，建立了以县为地方行政单位、由中央直接管理的中央集权制度；废除了贵族的特权，重视军功，论功行赏，为优秀的人才涌现开辟了上升的通道，《战国策》记载的“商君治秦，法令至行，公平无私，罚不讳强大，赏不私亲近，法及太子”（刘向，《战国策·秦策一·卫鞅亡魏入秦》）描述的就是商鞅颁布的法令雷厉风行，公平无私，赏罚决不偏袒势力强大的贵族或是关系特殊的亲信，连太子都要遵守法律；户籍制度，加强了对人口的管理，便于征税和扩充兵源；小家庭制度的建立，是社会的一大进步，有利于提高人口质量和促进农业生产。

变法推行一周年后，“道不拾遗，民不妄取，兵革大强，诸侯畏惧”，不仅百姓们遵纪守法，军队作战力大大增强，诸侯们更是个个畏惧变法。

商鞅变法极大地解放了生产力，对中国中央集权的制度建设和社会发展有深远的影响，其历史功绩是毋庸置疑的。但是，事情总有两面。我们在肯定商鞅贡献的同时，也要看到另外一面。酷刑在商鞅变法后得到进一步加强。《战国策》批评其变法“刻深寡恩，特以强服之耳”，就是说商鞅变法只是以严酷的刑罚来强迫百姓服从，缺少恩德。变法推行的刑罚中，包括黥刑（在人脸上刺字并涂墨）、劓刑（挖掉鼻子）等原始野蛮、惨无人道的酷刑。此后历代王朝，虽多次改革刑罚，但很多残酷的刑罚依然被保留，几千年来不知有多少黎民百姓受其折磨，在痛苦的呻吟中死去。而商鞅自己，最后也被车裂而死，但“秦人不怜”，百姓并不同情他。

此外，商鞅也是焚书的始作俑者。诚然，当时商鞅决定焚书有其巩固秦国中央集权统治的需要。但是，只允许一种学派存在，不允许其他学派存在，将其著作焚烧，这种做法禁锢了人的思想。中国历代的统治者，也不断效仿，不允许不利于本朝统治的学派存在，这对于中国社会的进步都是极为不利的。

## 二、战国变法的启示

### 变法，是推动社会进步的动力

变法的本质是废除旧体制，建立新体制。旧体制之所以要废除，是因为它束缚了生产力的发展。生产力的发展对旧体制形成了极大的冲击，推动它走向灭亡，生产力的发展本身也呼唤着新体制的出现。然而，生产力发展本身不能建立新的体制，新体制的建立要通过变法才能实现。变法就是要建立适应生产力发展的新体制，因此变法本身就是推动社会进步强大的动力。

在社会大变动的时候，小修小补无济于事，只有全面彻底的改革才能走在变法的前列。商鞅变法的成功就雄辩地证明了这一点。他的变法涉及政治、经济、军事、文化、社会等各方面。

战国时期中国社会大变革，是社会的全面转型。商鞅变法比其他所有变法者的高明之处在于：一是他变法是全面的；二是他变法的措施是可持续的，所以他的变法最为成功。商鞅所建立的县制，彻底打破了西周以来的分

秦始皇

中国历史上最伟大的政治家、改革家、战略家、军事统帅。首位完成中国统一的秦朝的开国皇帝，对中国和世界历史产生了深远影响，奠定了中国两千余年政治体制的基本格局。被明代思想家李贽誉为“千古一帝”。

封制，牢牢地建立了中央集权政权。为了扩大兵源，增收赋税，商鞅强迫推行了小家庭制度，实行户口制。县制和户口制，一直沿用到今天。我们不能不佩服商鞅的远见卓识和雄才大略。

## 明君和名士的结合，是变法成功的关键

所谓明君，就是懂得要想富国强兵，必须要有好点子，有正确的主张。而这种正确的主张，他本人是不一定想得出来的，必须依靠名士。秦孝公就是典型的明君，他思贤若渴，发布了求贤令：“宾客群臣有能出奇计强秦

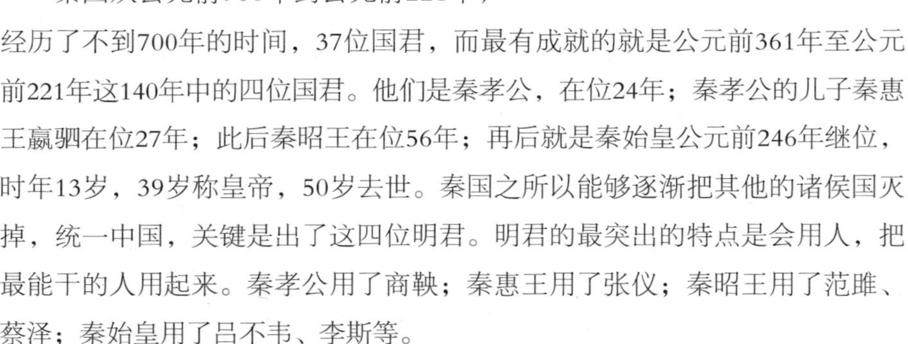

吕不韦
（？—前235），濮阳（今属河南）人，战国末年为秦国相。有《吕氏春秋》传世。

者，吾且尊官，与之分土。”商鞅就是受求贤令的吸引而去秦国的。

秦国从公元前900年到公元前221年，经历了不到700年的时间，37位国君，而最有成就的就是公元前361年至公元前221年这140年中的四位国君。他们是秦孝公，在位24年；秦孝公的儿子秦惠王嬴驷在位27年；此后秦昭王在位56年；再后就是秦始皇公元前246年继位，时年13岁，39岁称皇帝，50岁去世。秦国之所以能够逐渐把其他的诸侯国灭掉，统一中国，关键是出了这四位明君。明君的最突出的特点是会用人，把最能干的人用起来。秦孝公用了商鞅；秦惠王用了张仪；秦昭王用了范雎、蔡泽；秦始皇用了吕不韦、李斯等。

所谓名士，就是看清了当时的天下大势，对自己所服务的国家的长短有着全面清醒的认识，能够提出富国强兵切实可行的关键的大政方针。商鞅、张仪、范雎、蔡泽、吕不韦、李斯等就是名士的代表。

明君和名士，二者缺一不可。一旦明君和名士相结合，那就威力无比，所向披靡。

## 战国变法，开创了知识分子心系天下、忧国忧民的优良传统

战国时期是中国历史上人才辈出的时期，涌现出了一批中国知识分子的杰出代表，诸如商鞅、李悝、吴起、邹忌、申不害等等。这些人，他们游说各国君主，提出他们富国强兵的主张，当然有自己想飞黄腾达的一面，但是

同时也必须看到，他们开创了中国知识分子追求真理，关心国家命运，把国家的利益和社稷的利益置于最重要的位置的优良传统。战国时期变法是要改变在中国实行了上千年的维护奴隶制的古法，上千年古法的传承产生了强大的习惯势力和既得利益集团。习惯势力和既得利益集团是强烈反对变法的，他们要采取各种手段来抵制变法，破坏变法。他们对变法的先驱者更是恨之入骨，必欲置之于死地而后快。

吴起就死得很惨。公元前382年，赵国在与魏国的战争中失利，走投无路下求助楚国。楚悼王命吴起率军支援赵国，吴起分析战局，认为如果驰援赵魏边界的战场，需要长途跋涉，可能会贻误战机。于是吴起选择直接进攻魏国，一来免去了长时间的行军，二来魏国主力军队都在进攻赵国，内部空虚。再加上吴起变法后楚国强大的经济和军事实力的支撑，楚军在战场上所向披靡，占领了魏国许多土地。可是公元前381年，楚悼王突然病逝，吴起只得从前线赶回国都料理楚悼王的后事。就在楚悼王的葬礼上，反对变法的贵族将吴起乱箭射死。吴起死了他们还觉得不解恨，还将其尸身车裂。

商鞅的结局也是类似的。公元前338年，商鞅推行变法18年后，秦孝公病重去世，但贵族们立刻向即位的秦惠王诬告商鞅谋反，说商鞅位高权重，隐隐有国君之威，严重威胁到秦惠王的地位。秦惠王于是下令逮捕商鞅，商鞅想逃亡魏国，但秦国人因饱受酷刑对商鞅怀恨在心，断了他的退路，进退维谷的商鞅只好束手就擒，被秦惠王处以车裂后示众。

吴起和商鞅的下场，并没有吓倒后来主张变法的知识精英。吴起、商鞅之后，一代一代的知识精英，特别是申不害、乐毅等人继续推行变法。此后北宋的王安石、范仲淹等人继续变法，范仲淹在《岳阳楼记》中留下千古名句："先天下之忧而忧，后天下之乐而乐。"明末的东林党党首顾宪成写下著名的对联："风声、雨声、读书声，声声入耳；家事、国事、天下事，事事关心。"近代戊戌变法的六君子也秉承了先代开创的优良传统。六君子之一的谭嗣同，百日维新后被判死刑，在狱中写下："我自横刀向天笑，去留肝胆两昆仑。"直至临刑前，他依然毫无惧色，慷慨激昂地喊道："有心杀贼，无力回天，死得其所，快哉快哉！"

## 三、全面认识中国成功的改革

中国自1978年十一届三中全会之后走上了改革开放，建设有中国特色的社会主义的道路。30多年的大发展证明中国的道路是成功的。1978年中国GDP为2683亿美元，位居世界第15位；2013年中国GDP为9.4万亿美元，位居世界第二。1978年中国外贸总额206亿美元，去年达到了4.16万亿美元，位居世界第一。30多年的大发展使中国6亿人脱贫，这是人类历史上前所未有的。

中国为什么能够在30多年的时间里取得如此巨大的进步？我以为要把中国的大变化放在全球的大变局中来考虑，才会有一个全面的认识。中国的大变化是天时、地利、人和三者综合作用的结果。

### 天时——世界在变

天时是指世界在变。20世纪是人类历史上流血最多的世纪，也是中国历史上流血最多的世纪。世界经历了两次世界大战，死亡1亿多人。中国自1840年鸦片战争之后，到1949年人民共和国成立，战争几乎从来没有停止过。特别是抗日战争，有超过千万的同胞死于非命。人类经过大搏斗、大厮杀，世界进步了。

世界的进步主要表现在以下四个方面：

由于全球争取民族独立和解放斗争的迅猛发展，一大批国家取得了独立。民族独立是国家发展的先决条件。中华人民共和国的成立是全球争取民族独立和解放斗争的一部分。联合国宪章承认了主权平等，这标志着人类文明的巨大进步。1945年在联合国宪章上签字的仅50个国家，今天联合国的会员国已经增加到193个。没有主权平等这一条，这么多国家取得独立是不可能的。

世界由MAD（Mutual assured destruction，互相确保摧毁）进入了MED（Mutual economic dependence，经济上互相依存）。MAD是指冷战时期美苏双方都制造和储存了大量核武器，谁也不敢动，谁动了，大家都完蛋。MED是经济

专题链接

## 美国“相互确保摧毁”的核战略

二战结束初期，由于美国垄断核武器，因而在此期间它奉行以“大规模报复”为主旨的核军事战略。然而，随着苏联核试验成功，这个美国冷战期间的主要对手，不但成为拥有核武器的国家，而且核力量快速增强。在1962年的古巴导弹危机中，美苏之间的核战争一触即发。这一事件促使美国决策者对本国的核优势产生了怀疑，并开始重新审视核战略。1965年，时任美国国防部长的麦克纳马拉提出了新的“相互确保摧毁”的核战略。其核心思想为，如果敌方首先实施核攻击，己方核力量不仅应在第一次核打击中生存下来，更要具备确保摧毁对方的核报复能力。如果敌对双方都具备这种能力，任何一方为了避免毁灭性的报复，就不会贸然发动核攻击。因此，“恐怖的和平”得以维持，核战争也将避免。冷战期间，“相互确保摧毁”的思想不仅在很长时间内主导着美国的核战略，而且至今也是全部有核国家的战略基石，同时也可以说今天世界的MED与其有一定的联系。

上的相互依存，谁也离不开谁。

形成了以规则为基础的全球贸易体系。WTO就是这样的组织。规则是大家制定的，在规则面前人人平等。有了这样的贸易体系，全球经济得以迅速发展，也为新兴大国崛起创造了条件。

由于全球化的深入发展，生产的四大要素，即：商品、资本、技术和人才在全球范围内流动。中国等新兴大国的快速发展十分得益于这四大要素的流动。

## 地利——亚洲在崛起

地利是指亚洲在崛起。当今世界的重心在从大西洋向太平洋转移，拉动转移的是亚洲的崛起。1820年亚洲的经济总量占全球的56%，这之后因为众所周知的原因，亚洲的比重在不断增长。1960年只占10%，今天占30%，20年后会超过50%。

战后的亚洲经历了五个浪潮的崛起。第一个浪潮是日本。二战之后在亚洲第一个崛起的是日本。日本采用了出口导向型的发展模式，这个模式非常适合日本的情况和全球化的需要，带来了日本的大发展。1968年日本经济总量超过西德，成为世界第二大经济体。

第二个浪潮是亚洲四小龙，即台湾地区、香港地区、新加坡和韩国，在上个世纪60年代学习了日本的发展模式，走向崛起。

第三个浪潮是东南亚国家联盟，例如印尼、马来西亚、泰国等，在70年代初崛起，也是采取了出口导向型的发展模式。

第四个浪潮是中国。中国1978年实行了改革开放，加入了亚洲国家崛起的队伍。

第五个浪潮是印度，1991年印度实施改革，走上了崛起之路。

中国和印度加入了亚洲崛起的大潮，使亚洲崛起的势头、深度和广度以及对全球的影响大大加强。

亚洲这五个浪潮，推动了亚洲的崛起。上述现象没有在其他大洲中发生，亚洲出现这个现象不是偶然的，说明亚洲国家在发展中是相互帮助的，而不是相互排斥的；是相互促进的，而不是相互拆台的；是相互合作的，而不是相互对抗的。尽管亚洲国家之间存在这样那样的矛盾、分歧乃至冲突，但它们之间的共同利益毕竟是第一位的。

## 人和——改革开放的政策和有中国特色的社会主义道路

人和是指改革开放的政策和有中国特色的社会主义道路。这条道路极大地解放了生产力，但是只有人和也不行。大家想一想，1861年到1894年的洋务运动，现在回头看，当时中国也想开放、也想改革，但最终以失败告终。因为当时缺少的是天时和地利。

人和是指1978年十一届三中全会以来我党做出的一系列重大战略决策。首先是三中全会决定以经济建设为中心，坚决摒弃了以阶级斗争为纲的错误理论和实践，实行改革开放，建设有中国特色的社会主义。

现在回头看，这个战略决策是十分适时的。一方面从全球范围来看，自美国结束了长达14年的越南战争后，时代的主题正在发生变化，从战争与革命时代进入以和平和发展为主题的时代，这是国际关系中最大的变化。另一方面，以跨国公司为载体的新的一轮全球化，正在全世界展开。时代主题的变化，和新的一轮全球化的浪潮为中国改革开放创造了良好的国际环境，十一届三中全会的决策抓住了这个大好的机遇。

在过去30多年里，中国党和政府坚持改革开放，坚持走中国特色的社会主义道路的决心是坚定不移的。尽管中间有一些曲折，也有大风大浪，但是这些曲折和风浪不仅没有阻挡中国前进，反而使我们改革开放的决心更大了。

上个世纪80年代末，90年代初，国际格局发生重大变化，苏联解体，东欧发生了剧变。苏联解体宣告了战后持续了40多年的两极体制寿终正寝。世界格局的变化，使我国面临着重大的考验。在这个关键时刻，1992年初，邓小平同志发表了南方讲话，及时指明了中国前进的方向，极大地调动了全党和全国人民的积极性，生产力得到大解放。中国的大门不仅没有关上，反而开得更大了；中国改革的步伐不仅没有停顿，反而加快了。在小平同志的南方讲话的指引下，我国迎来了快速发展的新时期。

2001年12月11日，中国加入了世界贸易组织。这是中国党和政府做出的又一重大战略决定，标志着中国的开放进入了一个崭新的阶段，中国的经济进一步融入了全球经济。随着中国加入世界贸易组织，我们修改了2300多件中央的法规，1.9万多件地方法规。大开放带来了大改革，大改革带来了中国的大发展。中国的GDP在2010年超过了日本，成为全球第二大经济体。

天时、地利、人和，三者缺一不可。然而“人和”是至关重要的。没有我们党的及时决策，我们不会走上改革开放的道路；没有我们党妥善应对各种曲折和风浪的勇气，天时地利都没有用。“人和”做好了，把天时地利所提供的有利条件充分地利用起来了，就会带来中国的大发展。

综上所述，今天世界正处在一个大变革的时期，变法改革之风风靡世界，各国也都试图变法图强。西方的体制实行了几百年，遇到了大难题，要想改革也绝非易事，人们正在大反思。发展中国家，改革正在形成一种势头，亚洲、非洲和拉丁美洲的一些国家，正在通过改革谋求发展。尽管取得了明显的成果，但今天均遇到了程度不同的严峻挑战，下一步如何走，人们正在反思。中东、北非地区，面对着世界大变革的形势，也在反思。这种动荡的形势本身就是反思的表现。

战国时期变法图强的历史经验告诉我们，当时谁能胜出，就看谁的变法能够最大限度地解放生产力。今天的世界也是这样。究竟哪个国家能走到人类的前列，就看哪个国家的改革能够最大限度地解放生产力。中国30多年来占了变法改革的先机，成就巨大，但是今后要走的路还很长。十八届三中全会吹响了新一轮改革开放的号角。改革开放是强大的动力，我们只有通过改革开放才能实现中华文明的伟大复兴。

纵横天下
肆

## 肆



# 纵横捭阖

在中国几千年的文明史上，战国时期的外交是最活跃的。涌现出一批杰出的外交家。他们所表现出来的智慧和创造的经验十分宝贵，对中国后来的外交有很多值得参考和借鉴之处。

之所以十分宝贵，是因为战国时期的外交地位十分重要，涉及到国家的生死存亡。在秦始皇统一中国之后，外交的地位就下降了。此后两千多年里，中国统治者的主要注意力始终是在国内，外交所占的分量较小。直到晚清时期，在列强的要求下，1861年1月20日中国才设立了总理各国事务衙门，并在1901年根据《辛丑条约》改为外务部。1912年1月1日，孙中山就任中华民国临时大总统，根据《中华民国临时政府组织大纲》，设立外交部，任命王宠惠为外交总长。3月30日，陆徵祥就任外交总长，改制外交机构，中国这才有了完备成熟的现代外交部。

眼光向内，不关注世界上所发生的事情，这也是后来导致中国落后的根本原因之一。

鸦片战争使中国人警醒了，开始出现了一批诸如林则徐、魏源、郑观应等抬头看世界的精英人士。可是这已经到了19世纪的中末叶。此后一个多世纪，中国作为一个弱国，作为一个被人宰割的对象，外交上虽然不无亮点，但

1901年9月7日，中国政府全权代表奕劻、李鸿章与英、俄、美、德、日、法、奥、意、西、荷、比11国代表在北京签订《辛丑条约》。条约规定中国赔款4.5亿两白银，交出税务、使馆区管理权，禁止中国人成立或加入反帝组织。

做得很艰难。1949年中华人民共和国成立后，中国人民站起来了，开始扬眉吐气地搞外交。在毛泽东主席、周恩来总理、邓小平同志等老一代领导人的主导下，中国外交出现了一篇又一篇的精彩华章。

今天中国成为全球第二大经济体，来到了世界舞台的中心。自秦始皇统一中国以来，外交从来没有像今天这样，对我们国家的进步、发展是如此重要。人的智慧不是从天上掉下来的，而是不断积累的。春秋战国百家争鸣时期，中国人的思想达到了一个高峰，外交上也是如此。来到世界舞台中心的中国当代外交也需要从古人那里、从老一代的领导人那里汲取智慧，来把我们今天的外交办得更好。

## 一、战国时期总的国际形势
## ——诸侯国崛起

公元前770年周平王东迁，标志着周朝在走向衰落。随着周天子的权力式

## 雅典与提洛同盟

公元前492年，推行对外扩张政策的波斯帝国入侵希腊，希波战争爆发。为对抗强大的波斯，以雅典为首的部分希腊城邦于公元前478年组成军事同盟，因同盟总部位于爱琴海上的提洛岛，得名“提洛同盟”。提洛同盟在希波战争中发挥了重大作用，多次打败波斯。希波战争后，雅典崛起，“提洛同盟”成为雅典保持和加强其在爱琴海霸权的工具，雅典成为当时希腊最大的海上霸权。“提洛同盟”因而也称为“雅典帝国”。公元前431年6月，以雅典为首的提洛同盟与以斯巴达为首的伯罗奔尼撒联盟之间爆发了历时二十余年的伯罗奔尼撒战争，最终雅典失败投降，提洛同盟被解散。公元前4世纪雅典虽重建提洛同盟，史称第二次雅典联邦，但这个同盟与第一个已不可同日而语。雅典几经沉浮，最终走向衰落。提洛同盟的命运颇像二战后“华约”的翻本。



微，诸侯国崛起，春秋时期出现了齐桓公、宋襄公、晋文公、秦穆公和楚庄王五位霸主。公元前476年至前221年，历史上称这段时间为战国时期。经过一番征战，小国被吞并，逐渐演化出燕赵韩魏齐楚秦七雄并立，其中最强的是秦、楚、齐三国，此刻的国际形势进入了一个新阶段。

此时的国际形势有以下几个突出的特点：

七雄都想争霸天下，但没有一个眼下有足够的实力把其他六家打败，统一中国，独占鳌头。

从七国的综合实力对比来看，秦国由于商鞅变法的成功，国力最为强盛；但其他六国，特别是齐、赵、楚各有自身的优势。

此时外交上面临的两个最突出的问题，一是秦国需要采取正确的战略灭掉其他六国，独霸天下；二是其他六国需要防止被秦国灭掉，争取能够生存下去。

甘
肃
陕
西
豳
岐山
岐邑
周 原
部
丰
迁徙路线

周平王东迁路线示意图

西周末年，周幽王无道，导致国内动乱，周幽王被杀。公元前770年周平王迁都雒邑，东周开始。周平王的政权一开始就是不稳固的，他不能平衡各个诸侯之间的权力，导致诸侯目无天子，揭开了诸侯争霸的序幕。

晋文公

《晋文公复国图》（局部）南宋李唐绘。

晋国姬姓，是周武王幼子叔虞之后。晋国一直是周的辅翼。传至十九世至晋献公。晋献公早期大有作为，积极开拓疆土，消灭强敌，收服少数民族，尊王攘夷，史称其“并国十七，服国三十八”（《韩非子》），使晋国的版图空前强大。

晋献公攻打骊戎的时候得到骊姬，骊姬专宠。生一子名奚齐，晋献公蔽于所溺，有废太子申生立幼子奚齐之意，骊姬为其子夺嫡，驱逐晋献公的儿子申生、重耳、夷吾，使世子申生守曲沃，使重耳守蒲，夷吾守屈。骊姬又在申生送给献公的食物中下毒，献公不查，认定申生有弑父之心，勒令申生自杀。骊姬又说重耳、夷吾是申生同谋，晋献公兴师问罪，分兵围住蒲城与屈邑。夷吾逃到至梁国，重耳投奔母亲的国家翟国。

公元前651年，晋献公薨，传位于奚齐。献公尸骨未寒，里克、邳郑父等人聚众作乱，杀死奚齐，迎接远在梁国的夷吾为君，是为晋惠公。晋惠公派人刺杀重耳，这时重耳已在翟国待了12年，娶妻生子，他只好带着随从，告别家小，又开始了逃亡之路。重耳一行人流亡，途经卫国、齐国、曹国、宋国、郑国、楚国，最后到达了秦国，前后经历了19年之久。公元前637年，晋惠公病重，在秦国为人质的儿子公子圉得知后，便不带妻室，潜逃回国。惠公薨，公子圉即位，是为晋怀公。被公子圉抛弃的妻子是秦穆公的女儿（就是后来的文嬴），这一仓促的举动为公子圉埋下了杀身之祸。晋怀公昏聩无能，导致朝野上下一致反对，大家思念重耳。这时秦穆公派人把重耳接到秦国，把被公子圉抛弃的女儿嫁给他，并答应帮他谋取政权，条件是晋国把河东五城割让给秦国作为酬劳。

公元前636年春，秦穆公委派公孙枝率领秦军3000，护送重耳渡过黄河，回到了阔别19年的晋国即位，是为晋文公，这时重耳已经是60多岁的老人了。晋文公经过一系列的改革，使得晋国迅速强大。他先是辅助周王室平息内乱，又接过了齐桓公“尊王攘夷”的大旗。大家感慨道，齐桓公的大业复兴了，诸侯又有领袖了。

这时，位于长江中游地区的楚国向黄河流域扩展势力，并在泓水之战中挫败宋襄公图霸的企图，将自己的势力范围发展到长江、淮河、黄河、汉水之间，控制了郑、蔡、卫、宋、鲁等众多中小国家。晋国的壮大崛起，引起了楚国的严重不安。两国之间的矛盾因此日趋尖锐。公元前634年，晋楚发生城濮之战，晋国退避三舍，以逸待劳，一举大败楚军。春秋时期的霸业以晋国为最长。

# 二、战国时期外交的杰出代表 —— 张仪、苏秦

## 张仪 —— 连横战略代表

张仪出生于一个败落的魏国贵族家庭。自幼勤奋好学，师从战国纵横家鬼谷子。

张仪学成之后开始游说四方诸侯。一次，楚相昭阳君宴饮宾客，席间观赏楚王赏赐的和氏璧。但宝玉竟在传看观赏后丢失了。有门下认为是张仪盗走了和氏璧，说道："仪贫无行，必盗相君之璧。"于是抓住张仪拷打数百下，张仪坚决否认盗取和氏璧，楚相只好将其释放。张仪回家之后，妻子看到他被

鬼谷子，姓王名诩，春秋时人。常入云梦山采药修道。因隐居清溪之鬼谷，故自称鬼谷先生。

打得遍体鳞伤，埋怨他说："你要是不去读书游说，怎么会受此侮辱。"张仪却对妻子说："你看看我的舌头还在不在了？"妻子见他关心的竟然是自己的舌头，不禁失笑道："你的舌头还在呢。"张仪说："这就够了。"这反映出张仪对自己游说的能力很有信心。

公元前328年，张仪入秦，面说秦王。他在表达对秦国空有强大的潜在实力却无法实现霸业的惋惜之情的同时，点出了自己以连横击破六国合纵的战略（当时的合纵联盟是由公孙衍所主导的）。让秦王相信以秦国本身的优势，即赏罚得当，军力强盛，号令严明，地势有利，完全可以战无不胜、攻无不克，所向披靡。

他论证了秦国的实力和条件远超其余六国，有条件称霸；而后历数秦国三次称霸不成，并将原因归结于秦国谋臣的平庸。

第一次称霸的机会是秦国伐楚之时。结果功亏一篑，在攻下楚国国都的情况下主动放弃，未竟全功，让楚国恢复了实力；第二次是秦国防守反击诸侯联军之时，秦国不仅挡住了诸侯联军的攻击，而且围困魏国都城大梁，结果谋臣却与魏讲和，使魏得以喘息；第三次则是穰侯罔顾国力，"用一国之兵，而欲以成两国之功"，使得秦国白白浪费了建立霸业的机会。

他在最后的话中点出了自己的战略："臣冒死罪，希望见到大王，谈论秦国的战略以及怎样能够破坏天下的合纵，灭赵亡韩，迫使楚魏称臣，联合齐、燕加盟，建立霸王之业，让天下诸侯都来朝贡。"

张仪的所思所想本质上就是连横的战略，打破诸侯合纵，与秦王所需正相契合。至此，张仪获得了秦王的赏识，封为客卿，有了施展自己才华的舞台。

肆 纵横捭阖

为了实现连横的战略，张仪在秦国武力的支持下，一方面敦促劝说魏、赵、齐等国单方面与秦媾和，采取侍奉秦国的做法获得安宁；另一方面积极破坏诸侯国之间的联盟，破坏可能形成的合纵局面。

张仪游说诸国时，背后有秦国强大的国力、兵力支撑，加上张仪辞令精辟，迫使许多国君退出了合纵，有的为了讨好秦国，甚至还割让了不少土地。

在张仪游说齐国时，就明确告诉齐王："大王不事秦，秦驱韩、魏攻齐之南地，悉赵涉河关，指抟关，临淄、即墨非王之有也。国一日被攻，虽欲事秦，不可得也。是故愿大王熟计之。"（刘向，《战国策·齐策一·张仪为秦连横说齐王》）他警告齐王如果不倒向秦国，那么秦国就会逼韩国、魏国、赵国大举进攻齐国（之前秦国已逼迫这三国割地求和），这样的话，齐国估计连名城即墨、国都临淄都保不住。到那时候，作为战败之国再想向秦国示好，恐怕不给你这个机会了。张仪提醒齐王要深思熟虑，以国家长远利益为重。齐王迫于强秦的威胁，只好与秦国结盟，还献出了三百里肥沃丰产的土地。

公元前328年至前325年，张仪两度对魏国"先兵后礼"，还建议秦王将公子繇作为人质送到魏国，使魏国臣事秦国。秦惠王因此任命张仪为相，位居百官之首。四年后，张仪拥戴秦惠君正式称王，更年号为秦惠王元年。

公元前322年至前317年，为了秦国的利益，张仪去魏国担任国相，打算使魏国首先臣事秦国而让其他诸侯效仿。起先两任魏王都不肯接受他的建议。秦惠王数次发兵，大败魏国，并在公元前318年击溃韩国、赵国、魏国、燕国、齐国五国合纵。张仪借机再次游说魏襄王，魏国终于宣布退出南北合纵，请张仪从中和解；张仪回到秦国，二度出任国相。

楚都纪南城模型，湖北省博物馆“楚文化展”。

郢都是楚国的都城，位于湖北省荆州北面离城8公里的纪南城。曾经有二十个王以此作为都城，历时四百多年，楚怀王在此伐秦失败，楚国走向衰落。郢都是当时南方一个大都会。当时各国之间的商业相当频繁，各国的都城，同时都是商业中心，郢都当然也是重要的商业中心了。

二、战国时期外交的杰出代表

公元前313年，秦国想要攻打齐国，但忧虑齐、楚两国已经缔结了合纵联盟，于是便派张仪前往楚国游说楚怀王。张仪称自己会请秦王献出商於一带六百里的土地，并与楚国永远结为兄弟国家。

于是，楚国和齐国断绝了关系，废除了盟约，楚怀王把楚国的相印授给了张仪，还馈赠了大量的财物，派了一位将军跟着张仪到秦国去接收土地。

张仪回国后，一连三月称病不上朝。楚怀王以为张仪是嫌齐楚断交不够彻底，就派勇士到宋国，借了宋国的符节（中国古代朝廷传达命令等的一种凭证），到齐国辱骂齐宣王。盛怒之下的齐宣王斩断符节转而与秦国结交。

张仪在齐、秦建交后，知道自己离间齐、楚的目的已经达到，便对楚国的使者说:“我有秦王赐给的六里封地，愿把它献给楚王。”楚国的使臣返回楚国，把张仪的话告诉了楚怀王，他这才明白自己上当受骗，一怒之下，兴兵攻打秦国。结果在秦、齐两国共同攻击之下，楚军大败。

如果说张仪对楚国的战略止步于此，那么尽管他的连横策略获得了成功，却为秦国在自己的东南树立了一个强敌。但张仪再次展示了自己高超的外交技巧，最终将楚国也纳入了自己的阵营。

公元前311年，秦国要用武关以外的土地交换楚国黔中一带的土地。楚怀王却说只要得到张仪，就会自愿献出黔中。张仪明知此去的惊险，却还是主动请求前往。楚怀王等张仪一到就把他囚禁起来，准备烹杀他。张仪通过楚大夫靳尚威胁楚怀王的爱妾郑袖，说秦王为了营救张仪，将要用上庸六个县的土地贿赂楚国，并把美女嫁给楚王，这必将导致郑袖失宠。

于是郑袖日夜向楚怀王讲情，楚怀王竟然真的赦免了张仪，并答应了张仪的建议，背离了“合纵”与秦国结盟亲善。

随后张仪完成了对韩、齐、赵、燕四国的游说，实现了连横的战略目标，为秦国后来统一天下做出了重要贡献。

## 苏秦——合纵战略代表

当人们谈到苏秦的时候，往往把他的名字与合纵战略联系在一起。其实在战国时期，最早提出和实施合纵战略的是公孙衍，他曾成功推动魏、赵、韩、燕、楚合纵攻秦，苏秦在公孙衍之后。并且最早的时候，苏秦也提出过连横战略。

苏秦生于公元前347年，东周雒阳（今河南洛阳）人，家庭贫苦，与张仪同出自鬼谷子门下。学成后，他曾游说秦惠王，提出以连横战略统一天下之策，建议秦惠王“并诸侯，吞天下，称帝而治”（刘向，《战国策·秦策一·苏秦始将连横》），详细说明了秦国所具备的称霸天下的潜质。但秦惠王却说：“毛羽不丰满者不可以高飞，文章不成者不可以诛罚，道德不厚者不可以使民，政教不顺者不可以烦大臣。”他认为秦国还没有一统天下的实力，制度不够完善，对人民的恩泽也不够，就像一只羽翼未丰的鸟，还不足以展翅高飞。秦王还对苏秦说：“今先生俨然不远千里而庭教之，愿以异日。”先生不远千里而来，郑重其事地向寡人指教，希望日后能再聆听您的高见。秦王就这样婉拒了苏秦。

苏秦并不死心，先后向秦王呈书十次，但都石沉大海。在秦国逗留期间，他花光了盘缠，衣衫褴褛，穷困潦倒，只好返回家中。回家后，“妻不下纫，嫂不为炊，父母不与言”，父母、妻子、嫂子看到他形容枯槁的落魄样，都对他不理不睬。但是苏秦没有灰心，继续潜心学习，立志要成大事。他翻出鬼谷阴符书，精心研读，每至深夜困倦难忍时，“引锥自刺其股，血流至足”。就是拿锥子刺自己的大腿，用痛感强行提振精神，血一直流到脚跟。伏案苦读一年后，苏秦重拾了信心，再度出山游说诸侯。他改变策略，游说各诸侯国合纵抗秦。苏秦先挑动齐国攻宋，激怒秦国；而后利用秦国的威胁整合其他诸侯国的力量，合纵抗秦。齐、秦关系恶化后，苏秦劝齐王采取军事行动，遏制秦国。为了打消齐王对周围国家的顾虑，他开始为齐王合纵攻秦而游走。

苏秦一方面极力劝说齐闵王采纳自己的主张，使其与赵国达成攻打秦国的协议；一方面又到燕、韩、魏三国进行游说，让它们与齐国和赵国组成合纵攻秦的联盟。

苏秦在游说诸国时，旁征博引，巧舌善辩，舌灿莲花，句句切中要害，令各国国君不得不叹服。

游说韩王时，苏秦先扬后抑，上来先赞叹韩国有着精湛的兵器冶炼技艺，韩国的士兵装备了坚固的铠甲，手持锋利的武器，个个以一当百。然后话锋一转，责备韩国不该屡屡在强秦面前卑躬屈膝，割地求和。苏秦

《四杰四景图·妻不下机》，明朝谢时臣绘。描绘战国时期洛阳人苏秦，师从纵横家鬼谷子，业成后周游列国，游说诸侯却一事无成，穷困潦倒，返回家时其妻子正在织布，看到丈夫回来也不停织机相见的故事。苏秦因遭家人冷落，深受刺激，从此悬梁刺股，发奋读书，后来终成战国著名的纵横家。

说："大王之地有尽，而秦之求无已。夫以有尽之地而逆无已之求，此所谓市怨而买祸者也，不战而地已削矣。"他提醒韩王，韩国的土地是有限的，但秦国的贪欲是无限的。用有限的土地去迎合秦国无休止的贪欲，等于自己给自己买来怨恨与祸患，仗都还没打，土地就要被割占完了。苏秦劝韩王"宁为鸡口，无为牛后"，讽刺韩国讨好强秦是甘愿当"牛后"。

韩王听后愤然变色，手按宝剑，仰天长叹，发誓自己就算死了也不会再向秦国屈服，加入了合纵联盟。

在游说魏王的时候，苏秦也是直击魏王的软肋，言辞之厉，直教魏王汗颜无地。苏秦借古讽今，列举了两个典故："越王勾践以散卒三千，禽夫差于干遂；武王卒三千人，革车三百乘，斩纣于牧之野。"（刘向，《战国策·魏策一·苏子为赵合从说魏王》）这两个都是以少胜多、以弱胜强的例子，苏秦以此来讽刺魏王坐拥精兵强将，却听信佞臣的建议，投靠秦国，甚至割让土地。他告诫魏王千万要小心那些佞臣，指出："夫为人臣，割其主之地以求外交，偷取一旦之功而不顾其后，破公家而成私门，外挟强秦之势以内劫其主，以求割地。"苏秦说那些佞臣奉上国君的土地去和外国勾结，为自己谋求一时的政绩，完全不顾后果。他们对外依靠强秦的力量，对内胁迫自己的国君割让土地，魏王一定要防范。

听完这一席话，魏王心中惭愧，称自己无才无德，直到今日才得蒙贤者的教诲，于是也加入了合纵联盟。

公元前287年，齐、赵、燕、韩、魏五国联合发起对秦国的进攻。尽管五国各有所图，并没有向秦国发动强大的攻势。但迫于来自五国的压力，秦昭

王不得不废除了帝号，并且割地求和，合纵最盛时，秦国15年不敢出函谷关。苏秦几乎以一己之力促成六国合纵抗秦，《战国策》赞叹道："当此之时，天下之大，万民之众，王侯之威，谋臣之权，皆欲决苏秦之策。"（刘向，《战国策·秦策一·苏秦始将连横》）足见他的成就之高。历朝历代的说书人，更是对他的事迹大加渲染，说他身配六国相印，权倾天下。

苏秦去游说楚国时，路过家乡洛阳。当时他已名扬天下，父母得知苏秦

壁画：战国时期的战争场面，
湖北省博物馆“楚文化展”，
湖北省武汉市武昌区。

要来，亲自打扫房间，清扫道路，奏乐摆宴，在三十里之外恭迎。从前苏秦落魄时，瞧不起他的妻子、嫂子，一个低垂着头，不敢正视苏秦，一个干脆匍匐在地，站都不敢站起来。苏秦感慨道：“嗟乎！贫穷则父母不子，富贵则亲戚畏惧。人生世上，势位富贵，盍可忽乎哉！”他感叹人性凉薄，纵是生身父母，亲如妻嫂，也难免趋炎附势，谄媚之极。这也是成语“前倨后恭”的来源。

## 张仪、苏秦给后人的启示

战国时期涌现出了一批优秀的外交家，其中最成功的是张仪和苏秦。他们为什么会成功?

### 两人都抓住了当时国际形势的主要矛盾——一与六之争

战国中后期，七雄并立。秦国力量最强，雄心勃勃想统一中国；其他六国，均有一定实力，但不及强秦，十分担心被秦国所吞并。一与六之争构成了战国时期国际关系最主要的矛盾。秦国面临的最大危险是合纵，如果六国合纵成功了，秦国统一中国的梦想就很难实现。六国面临的最大危险是连横，如果连横成功了，六国就会被秦国灭亡。苏秦和张仪从不同的角度抓住了主要矛盾，所以能够获得成功。

### 把握天下大势的重要性——成与败的关键

春秋战国时期，天下大势是中国由分裂走向统一。张仪之所以最后能取得成功，为中国的统一做出贡献，就是因为他把握了天下大势。苏秦虽然当时也很成功，但是最终合纵失败了，是天下大势把它冲垮了。这就告诉我们观察世界，把握天下大势的重要性。

## 外交的真谛，是维护和发展国家的利益

古往今来的外交，都是要维护和发展国家的利益。优秀的外交官要想实现维护和发展国家利益，必须知己知彼。知己，就是要懂得什么是自己国家的利益。知彼，就是要认清与自己打交道的国家的情况，特别是决策者的特点。然后从本国的利益出发，用能够打动对方的语言，来说服对方接受自己的主张。当然，如何说服对方，其中还有很大的学问。

张仪和苏秦都十分懂得他们所代表国家的利益。秦国当时最大的利益，就是灭掉其他诸侯国，实现中国的统一。张仪所提出的连横的战略，就完全符合秦国的国家利益。要实现连横，必须说服其他诸侯国接受秦国的主张，放弃合纵。魏国是秦国的邻国，国力弱于秦国，魏国从其本能出发，当然需要联合其他国家防止自己被秦国吞并。张仪外交的成功之处，就是能够让魏国退出合纵。魏国对秦国有很深的戒心，这是理所当然的。张仪就说服了秦昭王，同意把公子繇送到魏国作为人质，让魏国放心。这对于秦昭王来说是一个很难做出的决定，但是张仪说服了秦昭王。张仪作为秦国的国相，为什么要到魏国去做国相？身份的变换也是为了发展秦国的利益，他是人在魏国心在秦。

张仪戏弄楚怀王，原来答应给楚国600里地，后来只给了6里地，从今天的角度看，张仪简直是一个骗子，说话出尔反尔。然而另一方面必须看到，外交是没有硝烟的战争，兵不厌诈。张仪为什么能够成功？他知彼做得非常好，他深知楚怀王是一个贪心很重的国王，给他600里地就能买通他了。当齐国与楚国决裂后，楚国本身的身价就贬值了。这个时候张仪就改口，把给600

张仪诳楚

图为清末民初的石印本《东周列国志》的插图。

里地变为给6里地。楚怀王发现自己被骗了，勃然大怒，起兵伐秦。而此时秦国却能够联合齐国共同攻打楚国，打得楚国狼狈不堪。楚怀王对张仪是恨之入骨的，知道上了他的当，所以当秦国提出要用武关以外的土地交换楚国黔中一带的土地时，楚怀王表示可以不要秦国的土地就把黔中一带给秦国，但一定要秦国把张仪送来。张仪深知，此时他去楚国风险极大，但张仪还是去了，而且后来安然回到了秦国。这反映出，张仪知彼做得极好。他懂得在楚怀王要烹杀他的时候，用什么办法能够躲过这一劫，转危为安。

# 三、感悟
## ——要从实际出发，坚持和平发展的道路

### 纵横捭阖要看大形势，要从实际出发

合纵与连横是战国时期外交大智慧的表现。秦国要想统一中国，灭掉其他六国，连横是唯一正确的外交战略。而其他六国要想生存下去，合纵也成为唯一正确的外交战略。当时国际关系的主线，是统一与反统一。合纵与连横就是在这样的大背景下产生的。

1991年12月25日，冷战结束后，随着苏联的解体，雅尔塔两极体制宣告结束，世界开始了一个走向新格局的过渡时期。在这个很长的过渡时期里，国际关系的主线是单极和多极之争。在可预见的将来，从综合国力看，美国是当时世界上最强大的国家，还没有哪一个国家或者国家集团能够全面地超过美国，这就是过渡时期的现实。美国由于其实力超强，其战略目标毋庸置疑是要追求建立一个单极的世界。美国所追求的这个战略目标毫无疑问就会使美国同世界上多数国家，存在着不同程度的对立。世界上的多数国家希望建立一个多边主义的或者是多极的世界。这些国家的战略目标与美国的战略目标是针锋相对的，多极和单极会不断地进行较量，斗争是有起有伏的，但世界走向一个多极的大潮流是很难改变的。

与此同时还必须看到，今天的世界与我国的战国时期有着很大的不同。战国时期六国与秦国的斗争是你死我活，而单极和多极之争不是你死我活，而是

走向一种共生的状态，这是世界变化带来的结果。全球化把世界连成一气，世界各国的利益相互交融。一方不可能也不需要消灭另外一方，而是寻求在国际事务中，发言权和利益分配更加均衡而已。单极和多极的较量，是以多种形式出现的，但是二者之间不可能爆发大战。这就决定单极和多极的较量，最终总会达成某种妥协。

## 坚持和平发展的道路，是今天中国外交的上策

中国领导人一再重申，中国将始终不渝地坚持走和平发展的道路。这是中国根据时代的变化，并且从中国人民和世界人民的根本利益出发，做出的重大选择。

时代的主题变了，从战争与革命，转为和平与发展。这就决定，在今天的世界上谁要举起战争的旗帜，谁就会倒大霉。谁要举起和平与发展的旗帜，谁就会走向进步与繁荣。世界进入21世纪以来，国际关系的变化

专题链接

### “修昔底德陷阱”的现实思考

古希腊历史学家修昔底德在其传世之作《伯罗奔尼撒战争史》中写道，“使战争不可避免的真正原因是雅典势力的增长和因而引起斯巴达的恐惧”。这就是著名的“修昔底德陷阱”，即一个新崛起的大国必然要挑战现存大国，而现存大国也必然来回应这种威胁，这样战争变得不可避免。当今世界，面对中国崛起，西方渲染“中国威胁论”，担忧崛起的中国必将与西方旧霸权国发生冲突。中国国家主席习近平2014年1月在接受美国《世界邮报》专访中指出，“中国不会陷入中等发达国家停滞不前的沼泽，我们都应该努力避免陷入‘修昔底德陷阱’，强国只能追求霸权的主张不适用于中国，中国没有实施这种行动的基因。”习近平主席的表态体现了中国坚持走和平发展道路，不搞国强必霸。而西方大国自身应反思历史，避免与中国制造冲突、隔阂与对抗，导致两败俱伤，重蹈历史覆辙。

就雄辩地证明了这一点。

坚持走和平与发展的道路，意味着“三要、三不要”。

“三要”是要和平，要发展，要合作。

要和平，是因为和平是发展的前提。和平也是中国人民和世界人民的共同利益所在。一切有利于和平的事情，中国就会积极支持。一切不利于和平的事情，中国就会坚决反对。

要发展，是因为发展是硬道理。中国和世界都面临很多的难题和挑战，只有发展才能解决难题，只有发展才能够妥善地应对各种各样的挑战。

要合作，是因为合作是发展的先决条件。在全球化的今天，任何国家想要发展起来，离开国际合作是不可能的。

“三不要”是不扩张，不称霸，不结盟。

不扩张意味着中国决不重蹈昔日殖民大国侵略扩张的覆辙。世界变了，再要走这条道路，那是一条死路。

不称霸意味着中国决不会去重蹈昔日苏联与美国争霸的覆辙，那也是一条死路。

不结盟意味着中国决不会与任何其他大国结成军事联盟。在我们看来，结盟是战争与革命时代的产物，已经过时了。在今天的世界上，军事联盟只能导致对抗、冲突乃至战争，这是不可取的。如果中国同某个大国结成军事联盟，那带来的后果必然是出现新的冷战，全世界都会遭殃，中国决不会做那样的事情。

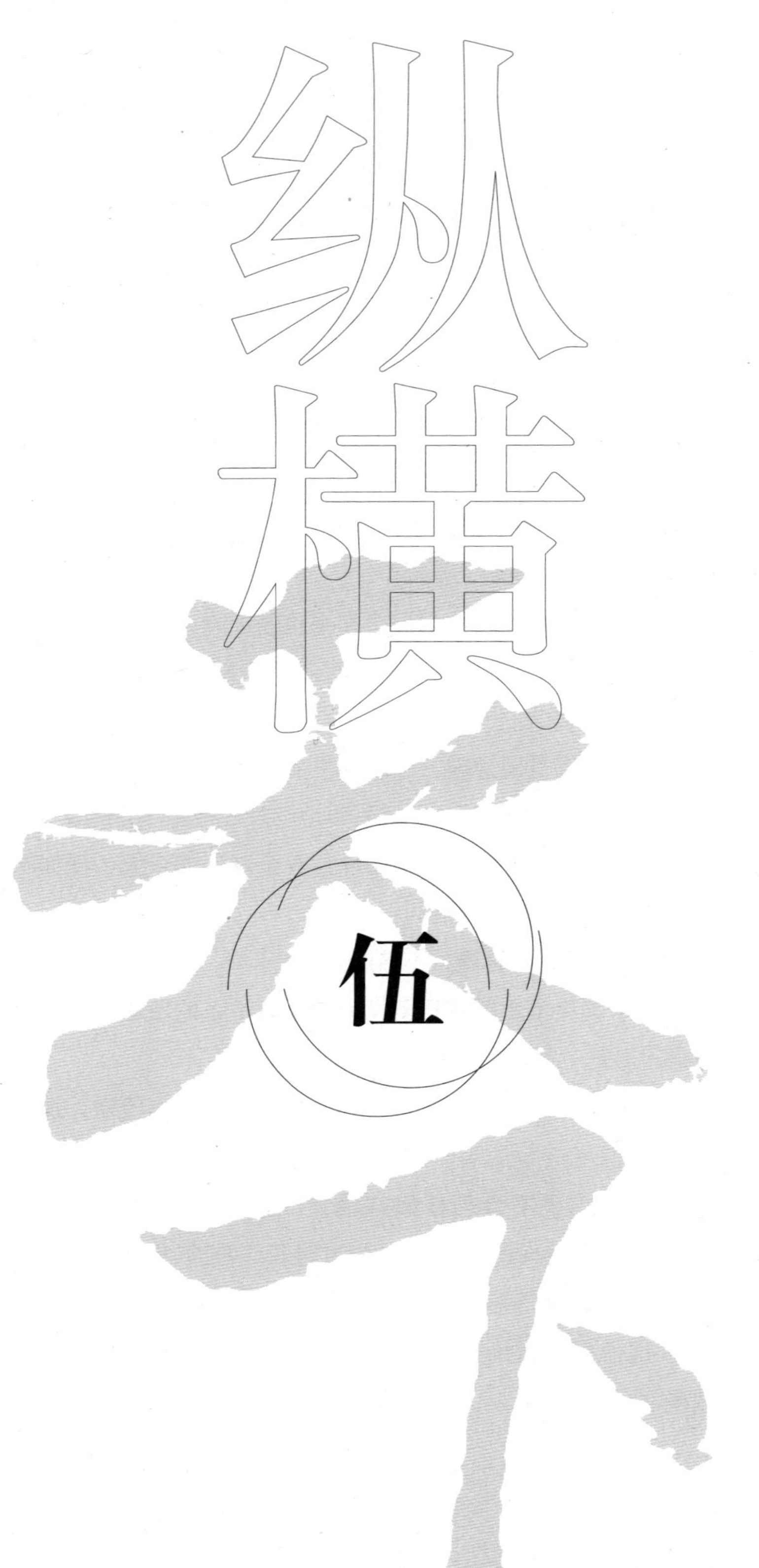
纵横天下
伍

伍



# 远交近攻

## 一、背景
## ——急需正确的争霸战略

### 秦国崛起，急需正确的争霸战略

春秋早期，秦国只是一个二流的诸侯国，地处偏僻，靠近戎族，科学、技术、文化等落后于其他国家。直到秦穆公（公元前659年—前621年在位）时，秦国先后灭掉十余个戎族部落，不仅大大扩充了版图，更为国家发展提供了一个稳定、安全的环境。秦国这才渐渐崛起，秦穆公也成为春秋五霸之一。不过当时秦国还远未具备一统天下的实力，战国初期，秦国在与魏国的交战中就屡屡败退，被迫退守洛水（今黄河支流洛河）以西。这种情况到了公元前361年，秦孝公启用商鞅实行变法，才出现了根本改变，秦国的国力尤其是经济实力和军事实力大增，被称为“强秦”。

公元前325年，秦孝公之子嬴驷即位称王，即秦惠文王。他任用主张连横的张仪为相，纵横捭阖。说魏事秦，改变魏国“合纵”政策，归顺秦国。随后灭蜀立郡，攻取苴国和巴国，稳定了秦国的后方。不仅离间了齐楚联盟，而且

伍 远交近攻

秦灭六国示意图。

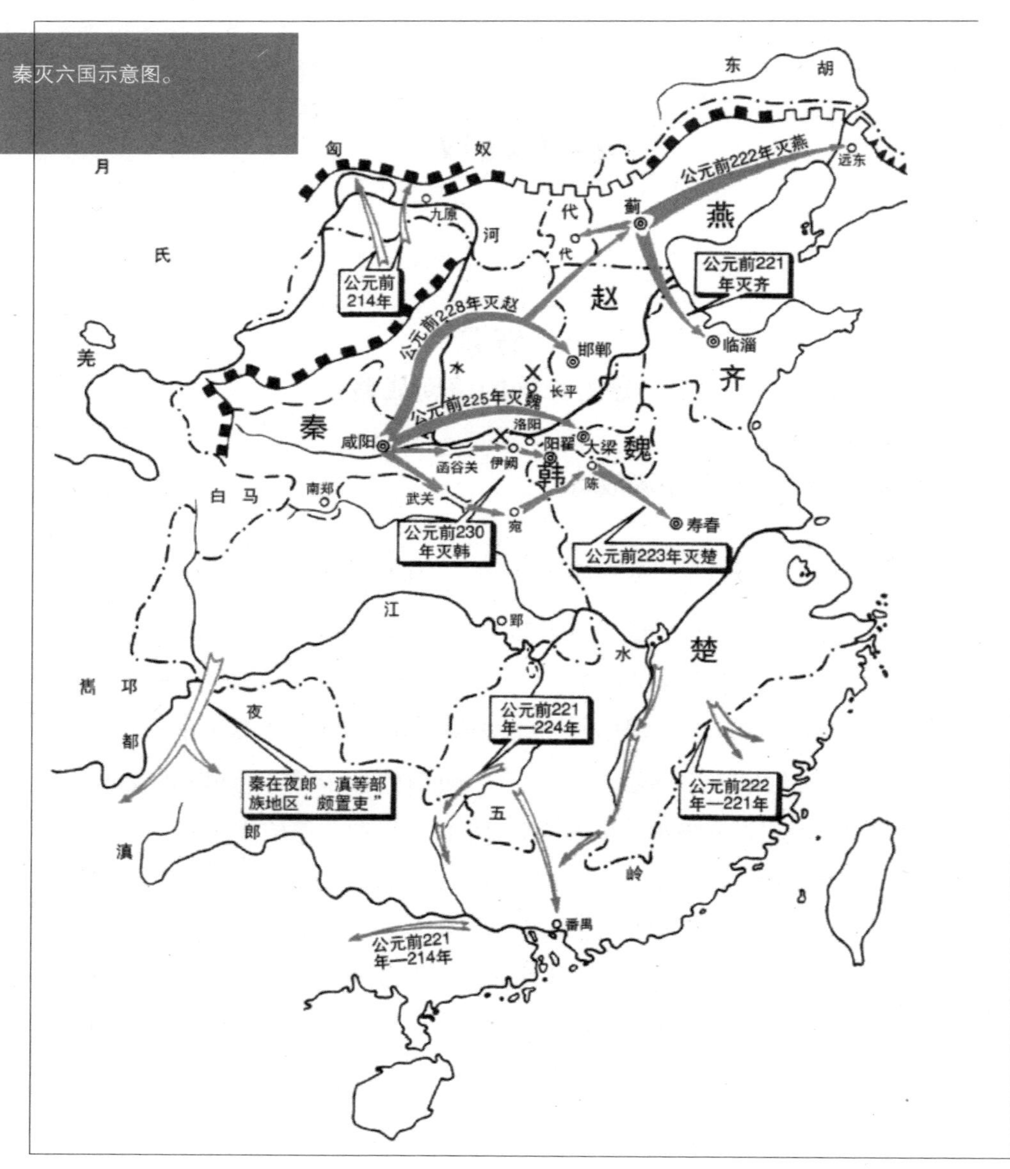

田单，生卒年不详，安平(今山东淄博东北)人，战国时期齐国名将，中国古代杰出军事将领。火牛阵是其发明的著名战术，大败燕军，杀死骑劫，乘胜连克七十余城。

联齐攻楚，大大削弱了楚国的实力。就此秦国成为七雄中疆域最广、实力最强的国家。

公元前306年，秦昭襄王即位，秦国国力继续上升，在七雄争霸中处于有利地位。但是秦昭王面临两大问题：一是太后和穰侯权力过大，侵蚀了王权；二是穰侯主张越过韩、魏两国去攻打齐国，如果实施这一主张，将会铸成战略上的大错，危及秦国的争霸地位。

## 应时奇才——范雎

范雎，字叔。出生年月不详，死于公元前255年。范雎是战国时期的魏国人，是魏国公族支庶子弟。此人是一位奇才，善于观察形势、统揽全局，抓住关键，提出独到的战略，且能言善辩。本欲求官于魏王，但因家贫无资可通门路，不得不改为入中大夫须贾门下为宾客。

公元前283年，燕将乐毅率燕、楚、魏、赵、韩五国兵马攻破齐国都城临淄，并一举略定齐国70余座城池。齐闵王逃亡，被楚将淖齿所杀。齐襄王即位后，齐将田单力挽狂澜，离间燕王，逼走乐毅，并智摆火牛阵，大败联军，收回了70余座城池，齐国这才免遭亡国，得以复兴。此后，齐国国力恢复、实力上升，魏王坐卧不安，担心齐襄王寻机报复。于是，魏王遣中大夫须贾出使齐国，议和修好。

齐襄王对魏使臣须贾很不礼貌，责问魏国反复无常，并说先王之死与魏有关，令人切齿痛心。须贾嚅嚅而无言，不能应对。这时，须贾身后的范雎站出来，义正辞严地辩驳，历数了齐闵王的过失，天怒人怨，五国同仇，岂独魏国？今大王光武盖世，应思重振齐桓公、齐威王之余烈，如果斤斤计较齐闵王时的恩恩怨怨，但知责人而不知自责，恐怕又要重蹈齐闵王的覆辙了。齐襄王听完这番不卑不亢、鞭辟入里的雄辩，不但没有发怒，反而心中暗自赞叹此人的胆识和辩才。他仔细地打量了一番眼前这个年轻人，什么也没有说。

齐襄王退朝以后，脑海里总也抹不去朝廷之上仗义执言的那个年轻人的身影。当晚，他便派人劝说范雎留在齐国，以客卿相处。范雎义正辞严地拒绝道："臣与使者同出，而不与同入，不信无义，何以为人？"（冯梦龙，《东周列国志》第九十七回）齐襄王闻知，心中甚为敬重，特赐予范雎黄金十斤以及牛、酒诸物。范雎身在异国，肩负通使重命，岂敢擅自受用私馈之物，一再坚辞不纳。须贾身为正使，遭遇冷落，而随从却备受优惠，心中很不是滋味。范雎具实以告后，须贾令他封还黄金而留下牛、酒。范雎唯命是从。

回到魏国后，须贾对这事越想越生气，他把这次出使齐国之所以受到冷遇，全部归罪于范雎，并把范雎在齐国受到齐王厚赐的情况报告了魏相魏齐。魏齐大怒，命人将范雎抓来，严刑拷打。把范雎打得遍体鳞伤，血肉模糊，肋折齿落，惨不忍睹。范雎唯恐性命难保，便屏息僵卧，直挺挺在血泊中不动，佯装死去。舍人误以为范雎已死，便去禀告正在饮酒的魏相。这时，魏相正喝得面红耳热，便命仆人用苇席裹尸，弃于茅厕之中，让家中宾客轮番向席中撒尿，故意凌辱范雎，以戒后人。范雎知是小不忍则乱大谋，只得咬牙强挺。待到天色已晚，范雎从苇席中张目偷看，见只有一名卒吏在旁看守，便悄悄地说："吾伤重至此，虽暂醒，决无生理，汝能使我死于家中，以便殡殓，家有黄金数两，尽以相谢。”卒吏见其可怜，又贪利，便谎报魏齐，说范雎早已死去。酒酣中魏齐命仆人将范雎尸体扔到荒郊野外。范雎这才得以脱身。他乘夜爬回家中，让家人将苇席置于野外，以掩人之目；同时派人通知好友郑安平，帮助他藏匿在民间，后化名张禄，并嘱家人明日发丧。范雎果然没有估计错，第二天魏齐酒醒后，便疑心范雎未死，见野外仅存苇席，便派人至其家搜查，恰逢举家发哀戴孝，方信范雎的尸身为犬豕衔去，从此不疑。

公元前271年，秦昭王派使臣王稽出访魏国。此时的秦国，由于孝公、商鞅变法奠定了富国强兵的坚实基础，又经惠文王、武王、昭王几代人的不懈努力，国势日益强盛。秦国有个传统政策，荐贤者与之同赏，举不肖者与之同罪连坐。因此，秦国的有识之士，都随时留意访求人才。

郑安平听说秦使臣来魏，认为时机已到，便身充贱役，去服侍王稽，想从中代为范雎通融。郑安平尽心侍奉，应对敏捷，没过几天便深得王稽的欢心。一天，郑安平想寻机试探王稽，借故来到王稽的房间；正巧王稽唤他近前讲话，郑安平不知何意，缓缓地走过去，王稽悄悄地问他：“魏国是否有贤人，愿与我一起归秦？”郑安平喜出望外，忙答道：“我乡里有个张禄先生，想要拜访使君，论述天下兴亡之事。只是有仇家在此，不敢白日造访。”王稽也不介意，连忙道：“白日不便，可在夜里来见。”

当天夜里，郑安平让张禄也扮做仆人模样，悄悄来到公馆，拜见王稽。两人就座，促膝畅谈天下大势，范雎指点江山，如在眼前。未待范雎把话说尽，王稽已确认范雎是个少有的贤才，便与他相约，道：“我归国之日，先生可在魏国京郊三亭岗之南等候。”约罢而散。

几天后，王稽完成使命后辞别魏王和群臣，驱车回国，当行至三亭岗南面时，忽见林中钻出二人。正是张禄和郑安平。王稽大喜，以车载之，西驰而去。

王稽一行驱车行至秦国湖县时，远远望见前方尘土飞扬，一队车骑急驰而来。范雎是个有心人，见状忙问："来者何人？"王稽认得前驱，若有所思地回答："这是当朝丞相穰侯魏冉，像是东行巡察县邑。"范雎虽然身处陋室，却始终关注着时局动态，对秦国政局多有了解。眼前的穰侯魏冉乃宣太后之弟，秦昭王之舅；把持朝政，专国用事，是秦国头号权臣，与华阳君、泾阳君、高陵君并称"四贵"。他每年都要带着大队车马，代其王周行全国，巡察官吏，省视城池，校阅车马，扬威作福。权位已经登峰造极。秦昭王虽然不满，但心畏太后，也只好听之任之。范雎对魏冉当然早有所闻，忙说："吾闻穰侯专秦权，恶内诸侯客，此恐辱我，我宁且匿车中。"（司马迁，《史记·范雎蔡泽列传》）王稽依言安排。

不一会儿，穰侯车马赶到，王稽连忙下车迎拜，穰侯也下车相见，例行公事地寒暄慰勉之后，穰侯来到王稽车前，问道："关东情况怎样？诸侯有何事变？"王稽鞠躬回答："没有。"穰侯目视车中，又察看了一下随行人员，接着问道："车中是否带来诸侯宾客？这些人实属无益之人，只能扰乱我秦国而已。"王稽连称："不敢！"穰侯没有发现什么可疑之处，不便久久盘查，遂率众东去。

一场虚惊过后，王稽连忙扬鞭策马。他正在暗赞范雎神机妙算，却见范雎从车厢里钻出来说道："吾闻穰侯智士也，其见事迟，乡者疑车中有人，忘索之。"于是，范雎下车，从小路步行而去。果然，王稽车马才行十余里，忽听背后马铃声响，穰侯遣二十余骑从东飞驰而来，声称奉丞相之命前来搜查，遍索车中，见并无外国之人，方才转身离去。王稽暗自叹道："张先生真智士，吾不及也!"于是催车前行，遇上张禄，邀其登车，一同向秦都咸阳进发。从此，范雎得到了一展才华的大舞台。

## 范雎说服秦王，为秦国一统华夏指明了方向

范雎入秦时，秦昭王在位已36年，国势强盛。秦军南伐楚国，力拔鄢、郢两座重镇，幽死楚怀王于秦；又挥师东指，连连大败强齐；并数困魏、韩、赵"三晋"之兵，使魏、韩二君俯首听命。秦廷上下虽人才济济，但"四贵"掌权，排斥异己；秦昭王深居宫中，又被权臣贵戚所包围，再加上活跃在战国时期政治舞台上的谋士说客多如过江之鲫，难免鱼龙混杂，良莠不分。一时之间，秦国上层统治集团对来自诸侯各国的宾客辩士并没有多少好的印象，以为无信者居多。因而，尽管范雎用尽心机，还是难以跻身秦廷，向秦昭王陈述安邦治国之大计。

有一次，范雎求人向秦昭王举报家门，说道："现有魏国张禄先生，智谋出众，为天下辩士；他要拜见大王，声称'秦国势如累卵，失张禄则危，得张禄则安'。然其言只可面陈，不可代传。"显然，范雎此举分明是故作危言，耸人听闻，意在引起秦昭王的重视。然而秦昭王却觉得天下策士辩客往往如此，并不去理睬，任你千条妙策，他就是不闻不问。就这样，范雎住在下等客舍，粗茶淡饭，在焦虑烦躁中捱过了两年的时光。

## 伍 远交近攻

公元前270年，秦丞相穰侯魏冉打算举兵跨韩、魏而攻齐，夺取刚、寿二地以扩大自己的封邑陶，从而进一步增强自己的实力。这就给范雎上书秦昭王提供了机会。

他在信中说道：“臣闻明主莅正，有功者不得不赏，有能者不得不官；劳大者其禄厚，功多者其爵尊，能治众者其官大。故不能者不敢当其职焉，能者亦不得蔽隐。”（刘向，《战国策·秦策三·范子因王稽入秦》）

这段话的核心意思是明主要赏罚分明。赏有功者，罚有罪者。提拔能人，致使无能者不敢当职。

范雎下面一段话点到了秦昭王的痛处，他说：“天下有明主，则诸侯不得擅厚矣。是何故也？为其凋荣也。”

这段话既指出了秦国当时内政的大患，即太后、穰侯专权，削弱了秦昭王的地位，又提出了解决办法。

信的最后提出希望与秦昭王面谈，如果意见不对，甘愿受罚被处死。

这封信果然打动了秦昭王，秦昭王见信后立谢王稽荐贤之功，传命用专车召见范雎。

范雎说服秦昭王采取了三个步骤。

第一步，语激秦王。受到传召的范雎，佯装不知地进入宫闱禁地“永巷”。秦昭王来了以后，宦官斥道：“王至！”范雎并不惧怕，反而道：“秦安得王？秦独有太后、穰侯耳。”（司马迁，《史记·范雎蔡泽列传》）范雎此举的目的就是进一步刺激昭王的痛处，收到了出奇制胜的效果。昭王听出弦外之音，非但不怒，反而将他引入内宫密室，屏退左右，待之以宾主之礼，单独倾谈。

古代的永巷是指皇宫中的长巷，是未分配到各宫去的宫女的集中居住处，也是幽禁失势或失宠妃嫔的地方。图为北京故宫后宫长巷。

第二步，欲擒故纵。范雎颇善虚实之道，并能恰到好处地一张一弛。借此提高自己在秦王心中的地位，又可看出秦王的诚意。内室中秦昭王长跪，问道："先生何以幸教寡人？"范雎却不置可否道："唯唯。"如此三次后，秦王再次长跪，问道："先生卒不幸教寡人邪？"先生难道终不愿赐教吗？

范雎见昭王求教心切，态度诚恳，这才回答。先将秦昭王与古代的圣贤相比，满足其虚荣心，后自比于古代贤相，让昭王不好轻易拒绝。这之后慷慨激昂的表达衷心，又以杀贤塞听告诫昭王，使自己的安全有所保障。

经过充分的铺垫，范雎最后才接触到实质问题，点出了秦国的弊端隐患："上畏太后之严，下惑奸臣之态，居深宫之中，不离保傅之手；终身惑，无与照奸，大者宗庙灭覆，小者身以孤危。此臣之所恐耳。"

昭王这才对其推心置腹，再次长跪，表达了对范雎的信任和感谢，说道："事无大小，上及太后，下至大臣，愿先生悉以教寡人，无疑寡人也。”二人互拜之后，开始了对国家大政方针的探讨。

第三步，倾囊相授。他抨击穰侯魏冉试图越过韩国和魏国而进攻齐国的做法是一大败笔，说道：“大王越韩、魏而攻强齐，非计也。少出师则不足以伤齐；多之则害于秦。臣意王之计，欲少出师，而悉韩、魏之兵则不义矣。今见与国之不可亲，越人之国而攻，可乎？疏于计矣！”（刘向，《战国策·秦策三·范雎至秦王庭迎》）越过韩、魏去进攻齐国的话，若秦国出兵少，则会进攻乏力，伤不到齐国。若秦国出兵多，那士卒的折损也会增多，战争的成本就增加了。由于齐国与秦国不

函谷关景区城门。位于河南省灵宝市王垛村。

白起（？－前258），也叫公孙起，战国时期秦国郿县（今陕西眉县东北）人，秦国名将，受封武安君，中国历史上伟大的军事家、统帅。

一、背景

是邻国，攻齐无法为秦国扩充疆土，只会让其他国家得利。批判完穰侯的错误主张之后，范雎提出了一条争霸天下的大战略："王不如远交而近攻，得寸则王之寸，得尺亦王之尺也。今舍此而远攻，不亦缪乎？"（司马迁，《史记·范雎蔡泽列传》）他主张将韩、魏作为秦国兼并的主要目标，同时应该与齐国等保持良好关系。范雎被拜为客卿。在其影响下，秦昭王于公元前266年废太后，并将国内四大贵族赶出函谷关外，拜范雎为相，封于应（今河南宝丰西南），号为应侯。

范雎拜秦国相印11年，为秦国争霸立下汗马功劳。其远交近攻的战略思想更是为秦国如何一统华夏指明了方向。

公元前268年，秦昭王用范雎谋，派五大夫绾率兵伐魏，攻克怀（今河南武陟西南）。两年后，又举兵攻占邢丘（今河南温县东）。公元前265年，秦军发兵，先后占领韩国少曲（今河南济源东北）、高平（今河南济源）、陉城（今山西曲沃东北）、南阳、野王（今河南沁阳）等地。将韩国拦腰斩断。在秦军雷霆万钧般的打击下，韩国步步败退，摇摇欲坠。而秦国则在战争中获得了人力、物力等方面的巨大补偿，实力更其强盛，因而东进步伐大大加速，扩大了对赵、楚两国的战争规模。

公元前260年，秦军大举北进，进攻赵国。老将廉颇率赵兵迎敌，秦、赵两军相持于长平近两年之久。范雎用反间计在赵王身边散布流言，诱使赵王撤换老将廉颇，拜纸上谈兵的赵括为上将。与此同时，范雎建议昭王暗中调遣白起为秦国上将军。此消彼长之下，赵军不敌秦军，最终深陷重围46天，粮尽援绝。赵括突围不成，被秦军乱箭射死。长平一战，秦军坑杀赵军俘虏40万人，使其从此一蹶不振。至此秦国逐鹿中原取得了长足进展。

福建厦门鳌园门廊右壁的“长平之战”石雕。

长平之战一号尸骨坑，山西高平市永录乡长平之战遗址。

山东淄博临淄齐国历史博物馆，齐国市井风貌（微缩景观）。

模型再造了战国齐都临淄的一角，生动真实地再现了纵横家苏秦描绘的“临淄之途，车毂击，人肩摩，连衽成帏，举袂成幕，挥汗成雨”的盛况。模型近景为繁华的大城民居和街市，中景为气势恢宏的王室小城，远景则是临淄西、南方的旷野和山峦，给人以强烈的视觉震撼。

# 二、今天的世界与战国时期的相似点和不同

## 相似点——大变革背景与百家争鸣局面相同

今天的世界与战国时期的中国形势很难类比，然而仔细观察战国和今天的世界，二者之间也有一些相似之处。

### 二者都处于前所未有的大变革时期

战国时期中国的大变革包含两个方面：一是实行了上千年的奴隶制走向了解体，需要一种保护新兴地主阶级的新的制度来取代；二是中国由分裂走向统一。

今天的世界也处在大变革时期。过去几百年的世界是西方主导的世界，而今天的世界上一批发展中国家在崛起。正在崛起的发展中国家的人口占世界人口的近一半。西方想完全控制今天世界的难度在增大，新兴大国在国际关系中的份量在上升。

大变革是由于以下因素所促成的：一是两极格局解体，世界进入了走向新格局的过渡时期；二是两极格局解体后，真正意义上的全球统一市场形成，促进了全球经济的大发展。

二者都在百家争鸣

战国时期，中国向何处去并没有明确的答案。诸侯国的竞争催生了百家争鸣，为了回答中国向何处去的大问题。

今天的世界向何处去，也没有明确的、大家都同意的答案。世界在大反思，也出现了一种百家争鸣的局面，为了回答世界应当向何处去的大问题。

## 不同点——时空、游戏规则、信息传播变了

时空在变

战国时期的变革只局限于中华大地。而今天的大变革，则涉及全球，范围比战国时期的中华大地大得多。

游戏规则在变

战国时期的游戏规则是零和游戏，诸侯国之间的征战是你死我活，一个要消灭另一个，才能活下去，才能称霸。而今天的世界则不然，零和游戏正在被正和游戏所取代。这是由于以下因素所决定的：

今天的世界大国没有分裂成对立的军事集团。在可预见的将来，尽管局部战争频繁，但看不到世界大战和大国之间战争的发生。

全球化使世界各国之间的依存度大大加深，你中有我，我中有你，谁也离不开谁的程度在深化。

人类面临的共同挑战十分严峻。诸如气候变化、环境污染、恐怖主义、跨国犯罪、流行疾病等等。没有一个国家能够单独对付这些挑战，人类必须联合起来，才能应对这些问题。

### 信息传播在变

战国时期信息传播的手段十分原始，只能靠书信和口耳相传。受到时间和空间的极大制约。而今天，信息革命使得信息的传播打破了时间和空间的界限，大大加速。人们获取知识大大方便了，各国之间的相互影响在加深。上述形势促使了全世界人民的新觉醒，想奉行愚民政策、封锁消息等手段已经越来越困难了。

## 三、启示
## ——顺应大潮流、把握大主题、认清大变革

### 认清历史发展潮流，顺应时代进步要求

范雎提出的远交近攻的战略对中国的统一做出了重大贡献，功不可没。范雎之所以能够提出远交近攻的战略，是因为他对战国时期的总体形势进行了深入分析，看清楚了当时中国历史的大趋势是走向统一。这是一股历史潮流，

“9·11事件”

又称“9·11恐怖袭击事件”等，指的是美国东部时间2001年9月11日上午（北京时间9月11日晚上）恐怖分子劫持4架民航客机撞击美国纽约世界贸易中心（双子塔）和华盛顿五角大楼的恐怖袭击事件。包括美国纽约地标性建筑世界贸易中心（双子塔）在内的6座建筑被完全摧毁，其他23座高层建筑遭到破坏，美国国防部总部所在地也遭到袭击。世贸的两幢110层塔楼在遭到攻击后相继倒塌。事件共造成3201人（包括343名消防员）遇难，大楼倒塌后，仅救出3名幸存者。“9·11事件”后美国发动了旨在反恐的阿富汗战争。

历史潮流是不能违背的。范雎顺应了这股大潮流，提出了远交近攻的战略，并成功地实施，推动了中国走向统一。

顺应大潮流在今天依然是适用的。今天的大潮流是什么？习近平主席指出：和平、发展、合作、共赢是历史潮流。“世界潮流，浩浩荡荡，顺之则昌，逆之则亡。”中国过去30多年的大发展就是顺应了这股潮流。

2011年9·11十周年的前夕，美国《华盛顿邮报》驻北京的记者前来采访我，他到了我办公室坐下来第一句话就说：“吴大使，中国是9·11的最大受益者。你们过去十年发展得多好啊！而我们美国就顾着打仗了。”

我回答说：“你说中国是9·11最大受益者，这是不对的。按照你这个逻辑，你们美国倒霉了，中国就受益了；你们好了，中国就倒霉了。这个逻辑是站不住的。中国之所以发展得很好，是因为过去十年我们顺应了世界潮流，就是和平、发展、合作、共赢的潮流。而你们美国是逆了这股潮流，你们老去打仗，当然要倒大霉。”

我接着说，“2001年美国的GDP大约为10万亿美元，中国为1.15万亿美元，美国大约是中国的9倍。2011年美国的GDP大约是15万亿美元，中国为7.5万亿美元，美国为中国的两倍。十年在人类的历史上不过是短暂的一瞬间，力量对比发生如此大的变化，这在人类历史上可能是罕见的。可见顺应世界潮流和逆世界潮流而动，结果是完全不一样的。”

《华盛顿邮报》记者听了我这段话之后，不得不承认我讲的有道理。

## 把握时代主题，明确历史使命

每一个时代都有自己的主题，战国的时代主题是战争与统一。中国的统一是一项浩大的工程，秦国要想统一中国，必须通过战争逐步扩大疆土，灭亡一个个其他国家。而国土的扩张是逐步的，正如范雎所说：“得寸则王之寸，得尺亦王之尺也。”秦国按照远交近攻的战略思想逐步扩大了秦国的疆土，实现了统一。

今天时代的主题与战国时期的时代主题完全不同，与20世纪很长时期里的时代主题也不同。今天的主题是和平与发展。和平是世界人民的夙愿，也是发展的前提。在今天的国际形势下，任何一个国家想要发展起来，想要实现现代化，关起门来是不可能实现的，必须开展国际合作。要使别国愿意同你进行合作，必须让对方认识到，这种合作不仅对我们有利，而且对他们也有利。只有在平等互利的基础上，真正实现共赢，这样的合作才可能是持久的。

伍 远交近攻

上个世纪后半叶，时代的主题发生了变化。从战争与革命的时代变成以和平与发展为主题的时代，这是国际关系中最大的变化。在中国发现时代主题变化的第一人是邓小平。他紧跟时代主题的变化，从中国实现现代化的总体目标出发，对中国的外交大战略，作了全面的调整。调整的主线是紧紧把握时代大主题。

## 认清大变革，谋求大发展

战国时代是中国社会经历的第一次大变革时期，今天的世界也正处在一个大变革时期。都是大变革，但情况不一样。

战国时期的大变革是由奴隶制走向新兴地主阶级所代表的制度，国家由分裂走向统一。而今天的大变革，是在世界两极格局解体后走向多极世界，权力由集中走向分散。

战后形成的雅尔塔体制是两极格局，这个格局存在了40多年。1991年12月25日，苏联解体了。宣告两极格局寿终正寝。世界进入了一个走向新格局的过渡时期。新格局是一个多极的格局，也可以说是一个多边主义的格局。同样是大变革，情况却完全不一样。范雎所讲的远交近攻，是要逐步扩大秦国的领土和版图。而今天的情况，则完全不同了。中国坚持走和平发展的道路，其实质是不扩张、不称霸、不结盟。30多年的实践证明，这条路是走得通的。今天要再借用传统的远交近攻的做法，不断扩张本国的领土，那显然是不行的。

战国时期，秦国要统一中国，只能通过战争。战场上是你死我活的零和博弈。而今天的世界变了，世界各国之间的相互依存度从来没有像今天这样深。形成了你中有我，我中有你，谁也离不开谁的局面。天变，道亦变。游戏规则发生了变化——由零和游戏，转变为正和游戏，这是一个很大的变化，想实现战争崛起已经不可能了。美国是全球唯一的超级大国，其军事预算占了全球的1/2，军事力量是全球最强的。美国想用军事力量独霸世界，能行吗？恐怕不行，阿富汗和伊拉克战争就是有力的佐证。中国过去30多年大发展的实践说明，中国走和平崛起的道路是完全可行的。

回顾中国改革开放以来的历程，我们可以清楚地看到，我们与周边邻国的关系取得了前所未有的大进展。中国所处在的东亚地区，成为全球经济中最有活力、增长最快的地区。2012年，我们与周边亚洲国家的贸易高达1.3万亿美元，超过了我们与美国和欧洲贸易额之和。

2013年10月24日至25日，中央举行了周边工作座谈会。习近平主席发表了重要讲话，中央七位常委都出席了会议。中央举行这样高规格的座谈会是人民共和国成立以来的第一次。习近平同志在会上提出了我们对周边国家工作的四字方针："亲、诚、惠、荣"。这四字方针的目的非常明确，就是要推动我们与周边国家在平等、互利、共赢的基础上，合作关系向深度和广度发展，建立利益共同体。

综上所述，顺应大潮流、把握大主题、认清大变革，这就是我们从战国时期外交战略中得到的启示。我们要要坚决贯彻中央周边战略的方针，同周边国家不断扩大利益汇合点，在平等、互利、共赢的基础上建立起利益共同体。这是亚洲乃至世界走向持久和平、共同繁荣的必由之路。我们坚持这条道路，不仅有利于中国，而且有利于全世界。

天下

陆

# 陆



## 外交华章

春秋战国时期，是历史上中国外交最辉煌的时期，给我们留下了许多宝贵的财富。1949年10月1日，中华人民共和国成立以来，中国外交搞得威武雄壮、有声有色。在过去60多年里，出现了四大精彩华章。每篇精彩华章都不是孤立的，都是由若干重大事件构成的。今天回顾起来，仍然让人拍案叫绝。

# 一、提出和平共处五项原则，推动日内瓦会议和万隆会议取得成功

1949年10月1日，中国人民经过了100多年的奋斗，建立了中华人民共和国，周恩来总理兼任中国外交部长。中华人民共和国是一个新生事物，在毛主席和周总理的亲自领导下，中国外交表现出了很强的创新能力。和平共处五项原则的提出，就是新中国外交创新的一个突出表现。在五项原则的指导下，1954年，周恩来总理所率领的中国代表团为印度支那的日内瓦会议达成协议发挥了关键性作用。1955年，周恩来总理在亚非会议上力挽狂澜，推动会议取得了圆满成功，达成了万隆会议十项原则。万隆会议的成功，极大地促进了正在高涨的民族独立和解放运动，一大批亚洲、非洲和拉丁美洲的国家就是在亚非会议后取得独立的。毫无疑问，这是人民共和国成立后外交上的第一篇精彩华章。

## 提出和平共处五项原则

和平共处五项原则是1953年12月31日周恩来总理会见印度代表团时首次提出来的。1954年4月29日，中印双方签署《中印关于中国西藏地方和印度之间的通商及交通协定》，将和平共处五项原则写入序言，这是和平共处五项原则第一次写入正式的国际文件。1954年，周恩来总理又先后访问印度和缅甸，并与印度总理尼赫鲁、缅甸总理吴努分别发表《联合声明》，一致同意以和平共处五项原则作为指导相互关系的基本原则。

过去100多年的时间里，中国饱受帝国主义列强的侵略、压迫、剥削和干涉。新中国成立后，我们与其他国家建立关系、发展合作的原则是什么？周恩来明确提出了和平共处五项原则，既是中国历史经验的总结，又反映了时代的要求。上个世纪50年代是民族解放运动高涨的年代，民族解放运动的出现就是对帝国主义、殖民主义统治的反抗和冲击。在这股大潮的推动下，越来越多的殖民地和半殖民地国家取得了独立。而五项原则的提出，与新独立国家在外交上所追求的目标完全吻合。

周恩来总理不仅重视提出原则和理念，而且非常注重将原则和理念在实践中贯彻，让世人看到中国所提出的原则和理念不是抽象的，而是从实际出发提出来的。一旦将这些原则和理念付诸实施，就会显示出强大的威力。

## 推动日内瓦会议就印度支那问题达成协议

1954年在日内瓦召开的关于朝鲜问题和印度支那问题的国际会议是新中国第一次以大国的身份参加的重要国际会议。以周恩来总理为首的中国代表团，通过大量耐心细致的工作，努力协调各方立场，开展了一系列卓有成效的外交活动，为关于印度支那问题的日内瓦会议的成功召开做出了决定性贡献。

1954年4月26日，日内瓦会议在万国宫开幕。会议的第一项议题是和平解决朝鲜问题，共有19个国家参加。

这次会上，美国代表本企图通过宣读《十六国宣言》（系指16个派部队参加联合国军的国家联合发表的宣言），强行结束对朝鲜问题的讨论。针对这个做法，周恩来发言指出：

“《十六国宣言》是在断然表示要停止我们的会议，这不能不使我们感到极大的遗憾。”“情况虽然如此，我们仍然有义务对和平解决朝鲜问题达成某种协议。”接着，他提出了一个只有两句话的协议草案：“日内瓦会议与会国家达成协议，他们将继续努力，以期在建立统一、独立和民主的朝鲜国家的基础上，达成和平解决朝鲜问题的协议。关于恢复适当谈判的时间和地点问题，将由有关国家另行商定。”他紧接着强调指出：“如果这样一个建议都被联合国军有关国家所拒绝，那么，这种拒绝协商和和解的态度，将为国际会议留下一个极不良的影响。”

周总理上述一番高举和平旗帜、充满和解精神的讲话和建议，虽然由于美国代表史密斯的反对而未能被会议所接受，但是，这个建议却得到了比利时外交大臣斯巴克和大会主席英国外交大

日内瓦会议开幕。

1954年4月26日至7月21日，苏、美、英、法、中5国外交会议在瑞士日内瓦举行。会议主要讨论如何和平解决朝鲜问题和关于恢复印度支那和平问题。7月21日，与会各国签署了《越南停止敌对行动的协定》、《老挝停止敌对行动的协定》、《柬埔寨停止敌对行动的协定》，会议最后发表了《日内瓦会议最后宣言》。下图是日内瓦会议开幕式。

## 一、提出和平共处五项原则，推动日内瓦会议和万隆会议取得成功

奠边府战役是越南人民抗法战争中具有重大历史意义的战役。战役的主要特点是：作战方式是对集团据点群的阵地攻坚战，战役规模大，持续时间长；作战地区是地广人稀的少数民族地区，交通条件很差，运输补给困难。虽然人民军经历多年作战，但攻打敌坚固设防的集团据点群还是第一次。作战中遇到一系列新的问题，特别是战斗激烈，伤亡较大，生活艰苦，对部队士气影响较大。但由于进行了强有力的战役政治工作，因而保证了作战决心的贯彻和战役的彻底胜利。这是1953年1月在越南宣光省安山县，越南民主共和国主席胡志明（左二）、副总理武元甲（右一）、总书记长征（右二）、副总理范文同（左一）等在共同研究发动奠边府战役的决定。

臣艾登的支持，美国代表被彻底孤立了。国际社会看到中国是要和平、要和解的，而美国在坚决反对和平、和解，周恩来总理的做法赢得了人心，这在外交上是很成功的。

日内瓦会议取得的最重要的成果，是就印度支那问题达成了协议，为印度支那带来了和平。关于印度支那问题的日内瓦会议分两个阶段举行，第一阶段是5月8日到6月19日，第二阶段是6月20日至7月21日。

关于印度支那问题，日内瓦会议召开前，法国与越南等国的战争还在进行。日内瓦会议是我们把军事斗争与外交斗争紧密结合起来的典范，在会议前周恩来总理就明确指出："看来只有打好奠边府这一仗，我们的谈判才有可能成功。"

奠边府战役1954年3月13日打响，经过三个阶段的战斗。5月6日晚，越军对法军核心阵地发起总攻。5月7日法军投降，奠边府战役获得全胜。

法军在奠边府的惨败震动了法国朝野，沉重打击了法国军政界的主战派势力。这也是导致后来法国拉尼埃政府倒台的很重要的因素。随后上台的孟戴斯·弗朗斯是主和派，在寻求和平解决印支问题上相对比较积极。周恩来总理抓住了这个有利时机，花了较大精力做法国总理孟戴斯·弗朗斯的工作，逐步取得了实质性的进展。

要使会议达成协议，对越南等国的工作至关重要。日内瓦会议期间，周

一、提出和平共处五项原则，推动日内瓦会议和万隆会议取得成功

1954年10月，法国巴黎，法、德、英、美国签署《巴黎协定》。1955年5月生效，西德结束被占领状态，成为主权国家并加入了北约。从左至右：法国总理皮埃尔·孟戴斯·弗朗斯（Pierre Mendes－France）、西德总理康拉德·阿登纳(Konrad Adenauer,1876–1967)、英国外交大臣安东尼·艾登（Anthony Eden）、美国国务卿约翰·福斯特·杜勒斯(John Foster Dulles, 1888－1959)。

恩来总理对越南、老挝、柬埔寨等国的领导人做了大量的工作。周总理的工作使越方领导人认识到与法国达成必要的妥协对自己最有利，如果战争久拖不决，把美国人引进来，事情更难办。周总理不仅做印度支那三国的工作，而且还访问了苏联、印度、缅甸，与他们进行了沟通和协调，为日内瓦会议达成协议，做了充分的准备。

7月21日凌晨3时30分，交战双方代表分别在《越南停止敌对行动协定》、《老挝停止敌对行动协定》上签字。中午，交战双方代表在《柬埔寨停止敌对行动协定》上签字。

7月21日下午，日内瓦会议在艾登主持下举行关于印度支那问题的最后一次会议。这次会议的主要任务是签署日内瓦会议宣言。由于美国代表团已经宣布的立场，会议两主席艾登和莫洛托夫事先商定，不采用签字方式来表明与会各国对宣言的赞同，而是在宣言标题中列出与会国家的名称，各国代表则用口头方式表示对这一文件的态度。最后宣言获得除美国和南越以外的

1939年8月29日，温斯顿·丘吉尔与安东尼·艾登前往下议院。罗伯特·安东尼·艾登（Robert Anthony Eden，1897—1977），英国政治家、外交家，二战时曾任英国国防委员会委员、陆军大臣、外交大臣和副首相等职。

所有与会方的通过。历时近3个月的日内瓦会议，终于以在恢复印度支那和平问题上达成协议而胜利闭幕。

## 推动万隆会议取得成功

1954年10月20日，印度总理尼赫鲁访华，在会谈中，他兴致勃勃地谈到了将于1955年召开的亚非会议。尼赫鲁关于亚非会议的讲话，立即引起了周恩来总理的高度重视。他敏锐地观察到，召开这样一次会议，不仅在亚非历史上，而且在现代国际关系史上，都是一次划时代的创举，标志着亚非国家自己掌握自己命运的时代已经来临。周总理向尼赫鲁总理明确表示：

“我们支持印度尼西亚总理创议的亚非会议，也支持尼赫鲁总理对亚非会议的赞助，我们愿意参加这个会议，因为这个会议是为亚非和平和世界和平而努力的，这个会议是为扩大和平区域而努力的，因此，有助于和缓紧张局势。”

印度开国总理贾瓦哈拉尔·尼赫鲁。

毛泽东主席十分欣赏周恩来总理的上述表态，也明确表示："关门关不住，不能关，而且必须走出去。"

为了筹备亚非会议，周恩来总理会前赴仰光同印度总理尼赫鲁、缅甸总理吴努、埃及总统纳赛尔、越南总理范文同、阿富汗副首相纳伊姆汗举行非正式的六国会商。此前，由于台湾国民党特务机关的破坏，致使中国代表团包租的印度国际航空公司的飞机"克什米尔公主"号失事，中国和越南代表团工作人员以及随同前往的中外记者共11人全部遇难。这起外交谋杀事件，本来是针对周恩来总理的，但由于总理临时改变了行程才幸免于难。这起谋杀事件为即将召开的亚非会议蒙上了阴影。但是，在六国磋商会上，周恩来总理冷静地分析了形势，受到与会的国家领导人的一致赞同。周总理指出：

"敌人对会议搞示威性破坏，并不说明他们强大，恰恰说明他们害怕我们召开亚非会议。只要各国从彼此根本利益上求大同，只要用和平共处五项原则和亚非国家团结的精神，去反击殖民主义的挑战，亚非会议就一定能够开好，一定能取得成功。"

1955年4月17日，周恩来总理一行到达了印度尼西亚万隆。4月18日上午，亚非会议正式开幕，有29个国家的代表团，代表着世界三分之二的人口出席了会议。

4月18日，亚非会议的开幕式还比较顺利，但是到了下午大会发言时各方分歧就开始暴露出来。出现分歧决非偶然，1955年，正处于美苏两大集团紧张对峙、冷战愈演愈烈的时候，一些受美国影响较大的国家代表对社会主义国家进行攻击和诽谤。4月19日，周恩来总理在大会发言，在发言之前，他明确地告诉大会："中国代表团是来求团结而不是来吵架的。"周恩来在发言中突出了求同存异的主张：

"中国代表团是来求同而不是来立异的。在我们中间，有无求同的基础呢？有的。那就是亚非绝大多数国家和人民，自近代以来都曾经受过、并且现在仍在受着殖民主义所造成的灾难和痛苦。这是我们大家都承认的。从解除殖民主义痛苦和灾难中找共同基础，我们就很容易互相了解和尊重、互相同情和支持，而不是互相疑虑和恐惧、互相排斥和对立。"

从4月20日起，会议进入了实质性讨论阶段，各国的分歧在会上进一步表露出来，立场尖锐对立，会议濒临破裂的边缘。4月23日上午，周恩来总理在政治委员会上发表了后来被某些代表所称的"亚非会议上最重要的讲话"。

周恩来总理在这篇讲话中，强调：讨论和确立亚非国家之间建立友好合作关系的共同原则，是亚非会议的一个主要内容。亚非各国在这个重要问题上，没有理由不达成一致协议。

周恩来总理在讲话的最后把连日来各国代表发言中的共同点做了如下总结：

一、互相尊重领土和主权完整；

二、互不采取侵略行为和威胁；

三、互不干涉或干预内政；

四、承认种族的平等；

五、承认一切国家不分大小一律平等；

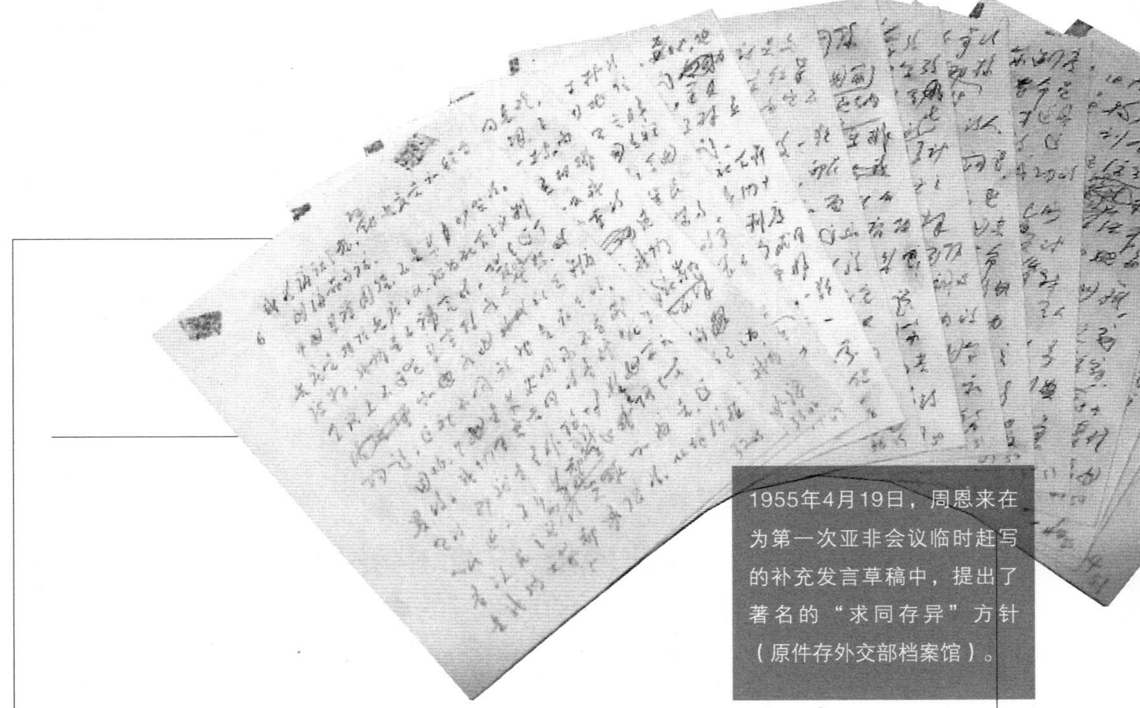

1955年4月19日，周恩来在为第一次亚非会议临时赶写的补充发言草稿中，提出了著名的“求同存异”方针（原件存外交部档案馆）。

六、尊重一切国家的人民有自由选择他们的生活方式和政治、经济制度的权利；

七、互不损害。

此外，我们在提案中还加上一条，即用和平办法解决国际争端，支持一切正在采取的或可能采取的消除国际紧张局势和促进世界和平的措施。这是能够得到大家同意的。

周恩来总理的讲话有理有据，他总结的各国代表团的共同点，每一条都站得住，谁也不能反对。这篇讲话结束了会议上的纷争，为会议最终达成协议扫清了道路。

4月24日，各国代表经过反复磋商，通过包括和平共处五项原则全部内容的万隆会议十项原则，并成为《促进世界和平和合作的宣言》。

从和平共处五项原则的首次提出，到写进万隆会议十项原则，不过一年零四个月的时间。中国人提出的国际关系的准则，在这么短的时间里就在国际上受到了广泛的认同和支持，这不能不说是新中国外交旗开得胜的一大成功。

20世纪60年代，为了抗美援越，中国向越南无偿地提供巨大的援助，当年中国运输人员与越南军人的合影。

## 二、走出险境，打开中美关系，恢复中国在联合国的合法席位

上个世纪60年代是中国处在自人民共和国成立以来，外交上处境最险恶的时期。60年代初，中苏之间展开大论战，两国国家关系濒临破裂。在中苏关系恶化的背景下，苏联在中苏边境和蒙古大量陈兵，一度还考虑过对我国的核设施实行外科手术式的打击。60年代初，美国发动了越南战争，战争逐步升级。美国不断向越南大量增兵，最多的时候美国在越南军队突破40万人。中国政府和人民坚决支持越南人民的抗美救国的斗争，并成为越南抗美救国战争的大后方，中美两国严重对抗。1962年，中国被迫在中印边界进行自卫反击战。中印这两个和平共处五项原则的倡导国之间竟然爆发了战争，导致中印关系长期僵冷和紧张。再加上自1966年起，我国爆发了“文化大革命”，“天下大乱”，经济濒临崩溃的边缘。就在上述险恶的处境下，我们不仅没有被险恶的处境所压垮，而且审时度势、抓住机遇，在外交上书写了第二篇精彩华章。

### 四位老帅议论天下大事

处理任何大事、难事，关键是要对形势有正确的分析，并拿出切实可行的主张。在这方面，四位老帅功不可没。

1969年5月至9月，毛主席通过周恩来总理给四位老帅：叶剑英、陈毅、聂

解放军1969年3月在珍宝岛战役中缴获的苏军T-62中型坦克，现藏于北京中国人民革命军事博物馆。

荣臻、徐向前，布置了一项议论天下大事的任务。1969年中国外交上的处境是非常险恶的。越南战争如火如荼，我国坚决支持越南人民抗美救国斗争，派高炮部队进入越南，与越南人民并肩抗击美国侵略，中美处于尖锐的对立状态。1969年3月，中苏在珍宝岛爆发了直接的武装冲突，双方动员兵力几百人，伤亡几十人。毛主席提出了“备战、备荒、为人民”、“深挖洞、广积粮、不称霸”的方针。全国各地到处“挖洞”，准备打仗。

1969年中国外交酝酿着大调整，毛主席已经有了一些想法，想听听四位老帅的意见。四位老帅不愧是身经百战，看问题入木三分。他们没有受全国上下弥漫的中苏战争一触即发的气氛影响，冷静观察全球形势，分析了中国的处境，最后得出了两条结论：一是中苏矛盾大于中美矛盾，二是美苏矛盾大于中苏矛盾。在当时的历史条件下，得出这两条结论是很了不起的。四位老帅抓住了世界的主要矛盾——美苏争霸，又看准了当时中国面临的主要威胁是苏联。这两条看准了，如何处理中美关系的答案就浮现在眼前，联美抗苏就是必然的结果。这就为后来打开中美关系做了思想上的准备。

## 中苏总理首都机场会晤

1969年9月3日，胡志明主席去世了，当周恩来总理获悉这一噩耗时，立即

1964年作者在世界青联时留影。

乘专机飞到了河内，瞻仰了胡主席的遗容。当时中国没有电视，我们看新闻纪录片时，看到周恩来总理瞻仰胡主席遗容时泪流满面，还没见过总理如此之伤心。周恩来总理和胡志明主席早在20世纪20年代就在法国认识了，有着几十年的深厚的战斗友谊。周恩来总理在离开越南回国前，向越南方面表示："在越方举行胡主席正式葬礼时，中国将派党政代表团出席。"

1969年9月8日，由中共中央政治局委员、国务院副总理李先念率领的党政代表团到达了河内。我是代表团的一名翻译，因为葬礼期间，李先念副总理要会见柬埔寨的西哈努克亲王等人，中国的党政代表团抵达河内后，宣布了一条纪律：鉴于中苏之间的紧张关系，见了苏联人，采取"三不"政策，即不打招呼、不说话、不握手。

1969年9月9日，上午在河内的巴亭广场举行了有50万人参加的胡志明主席追悼会，中国代表团应邀出席，我也在现场。追悼会的场面是十分感人的。越南劳动党第一书记黎笋致悼词，广场上几十万人放声痛哭，哭声震天，我还从来没有见到过这样的场面。李先念副总理坐在主席台上，苏联当时派了部长会议主席柯西金率领的党政代表团出席葬礼，也坐在主席台上。柯西金是有话要对李先念讲的，但是"三不政策"对李先念也是适用的。柯西金有话要说，但李先念看不见他。

葬礼结束后，柯西金通过越南方面向中方传递了一个信息：希望在回国途中经停首都机场，会见周恩来总理。李先念副总理立即发电报向毛主席和周总理报告了柯西金的这一要求。待北京回复同意柯西金要求的电报到了河内时，柯西金的专机已经起飞，并已经飞到了当时苏联的塔吉克斯坦共和国首都

1965年10月，毛主席会见刚果（布拉柴维尔）总统的夫人，作者担任法语翻译。

杜尚别。柯西金要同周恩来总理会晤的心情是很急切的，尽管他已经回到了苏联，但仍然通知中方，柯西金将从杜尚别飞北京，在机场会见周恩来总理。

1969年中苏关系是非常紧张的，全国上下都笼罩着战争的气氛，给人的感觉是，战争一触即发。但是中苏两国总理首都机场会晤，却对缓和两国紧张局势发挥了积极作用，中苏双方决定，恢复副外长级的边界谈判。从外交上看这是非常漂亮的一着棋。

上个世纪60年代，国际上出现了中美苏大三角的提法。然而当时的大三角，美苏来往频繁，而中国与美国、苏联都没有来往。大三角的三边中有两边是处于一种静态。1969年9月11日，中苏两国总理首都机场会晤后，使大三角的其他两边也活跃起来。中美当时唯一对话的渠道，就是华沙大使级会谈。中苏两国总理机场会晤，使得美国总统尼克松大惑不解。他心里想，这两家不是已经动起手来了吗，怎么现在又开始谈起来了呢？双方谈了些什么？于是，尼克松要求美国的情报机构了解中苏两国总理北京机场会晤谈的情况，并指示美国驻波兰大使千方百计打开与中方对话的渠道。这就出现了1969年12月美国驻

1971年4月4日，日本，名古屋，中国乒乓球运动员庄则栋（左）向美国选手科恩（右）赠送礼物，此举成为打破中美两国二十多年外交僵局的先声。

波兰大使斯图塞尔在南斯拉夫时装展览会结束时，追逐中国大使馆武官处的翻译，向他传递了希望会见中国代办雷阳的信息。此后，中美两国恢复了在华沙的大使级谈判，中美苏大三角关系三边都开始活跃起来。

## 乒乓外交，小球转大球

1971年3月在日本名古屋举行了第31届世界乒乓球锦标赛。锦标赛期间，4月4日，美国乒乓球运动员格伦·科恩上错了车，上到了中国代表团的大巴上来了。我国著名乒乓球运动员庄则栋，遵循毛主席提出的寄希望于美国人民的指示，主动与科恩接触，向他示好，并送给了他一幅黄山的织锦画。在当时中美关系尖锐对抗的形势下，这件事情成了大新闻，美国代表团也受到了鼓舞。在乒乓球世界锦标赛结束前，美国乒乓球队代表团团长听说中国邀请了南斯拉夫乒乓球代表团在世锦赛后访华一周，也向中国代表团提出了访华要求。

中国外交部和国家体委联合上报，建议婉拒美国乒乓球队代表团访华的要求。4月6日，报告送到毛主席那里，毛主席开始圈阅同意了，但是后来越想越不对，在4月6日晚11时，在服用了安眠药的情况下，他告诉护士长吴旭君要欢迎美国乒乓球代表团来访华。这是毛主席在考虑外交全局后做出的重大决定。

1971年4月10日，美国乒乓球代表团从香港经由罗湖口岸进入中国大陆。他们此行受到了全球媒体的关注，随团的美国《乒乓话题》编辑蒂姆·博根更是受到美国乃至世界媒体的“围攻”，请他提供独家新闻。在北京期间，代表团到天安门、长城等处游览，参观清华大学并与师生交流。周恩来还特批开放已经关闭的故宫，允许美国代表团参观。代表团还访问了上海、广州等地。4月14日，周恩来在人民大会堂会见了美国乒乓球队代表团，与他们进行了亲切的交谈。

乒乓外交确实是“小球转动了大球”，为打开对立了20多年的中美关系做了良好的铺垫，成为了中国外交史乃至世界外交史上的一段佳话。

## 基辛格访华

1971年4月27日，周恩来通过巴基斯坦渠道向美国发出一个口信，口信指出，“要从根本上恢复中美两国关系，美国必须从中国的台湾和台湾海峡地区撤走它的一切武装力量。这一关键的问题只有通过两国高级负责人的直接商谈才有可能找到解决办法。因此，中国政府重申，愿意公开接待美国总统的特使（如基辛格先生）或美国国务卿甚至美国总统本人来北京进行直接晤谈”。这个口信极大地鼓舞了尼克松和基辛格打开对华关系的信心。尼克松经过慎重考虑后，决定派遣基辛格作为特使先行秘密访华，为他的访问做准备。

随后，基辛格的助手们开始为基辛格的访问做准备，为他搜集了大量的有关中国的介绍资料。基辛格自己也阅读了很多关于中国文化、历史、哲学方面的书籍。他还与美国驻巴基斯坦大使共同策划了秘密访华的计划。

1971年5月26至29日，中共中央召开政治局会议讨论中美关系，提出了改善中美关系的指导原则和如何向党内作出说明的意见。6月4日晚，中共中央工作会议召开，周恩来总理在会上作了关于中美会谈的报告，在党内统一思想。

6月2日，基辛格收到巴基斯坦驻美大使希拉利送来的外交邮袋，里面装着的是周恩来给尼克松的回信。在信中提到了毛泽东主席对尼克松访华的欢迎，同时周恩来也欢迎基辛格对中国进行秘密访问，为尼克松的访华做准备。

7月1日，基辛格启程访问亚洲，此行的主要目的是对中国进行破冰之旅，代号为“波罗一号”（借用马可·波罗的“波罗”暗喻对中国的访问）。根据事先的安排，他这次访华对外放的烟幕弹是到亚洲各国进行一次“实地考察”。基辛格先访问了南越、泰国、印度，然后到了巴基斯坦。根据对外公布的行程安排，他在访问巴基斯坦后应接着赴法国巴黎参加与越南北方的谈判代表会议。然而，在7月8日抵达巴基斯坦首都后，在下午的招待宴会上，基辛格就以身体欠佳为由，被巴基斯坦总统叶海亚·汗邀请到位于山区的巴总统别墅进行休养。第二天凌晨4时，基辛格戴着墨镜，登上了专机，在早已等候的中国外交官的陪同下向北京飞去。

7月9日下午4时，周恩来就来到基辛格下榻的钓鱼台国宾馆，与他进行了首次会谈。基辛格介绍了此访的意图和任务，双方着重讨论了台湾问题。周恩来指出，解放台湾是中国的内政，美军必须限期撤离，《美台防御条约》是无效的。7月10日下午，周恩来与基辛格举行第二次会谈，就双方的战略意图进行了沟通，并商定尼克松在1972年春天访问中国。

在会谈中，双方就宣布尼克松访华的新闻公报进行了磋商，双方争论的焦点在于尼克松访华是中方还是美方采取了主动。最后还是毛主席的意见推动双方达成了妥协，他说：尼克松来访，谁也不主动，双方都主动。周恩来

2010年4月，作者在华盛顿出席三边委员会时与基辛格博士。

总理对毛主席的指示心领神会，巧妙地提出了一个双方都能接受的措辞。公报全文如下：

“获悉，尼克松总统曾表示希望访问中华人民共和国，周恩来总理代表中华人民共和国政府邀请尼克松总统于1972年5月以前的适当时间访问中国。”

## 中国恢复在联合国的合法席位

1971年10月25日，第26届联合国大会以76票赞成、35票反对、15票弃权的压倒多数，通过了恢复中国在联合国合法席位的决议，这标志着中国外交进入了一个崭新的阶段。

中国外交取得这一重大的成果绝非偶然，长期以来中国政府制定了一项恢复在联合国合法席位的正确战略。早在60年代初，毛主席就提出了“两个中间地带”的理论，这就是亚非拉和欧洲。根据这个理论，1963年周恩来亲自与到访的法国前总理富尔进行建交谈判，最终达成了协议，双方决定在1964年1月27日建立大使级外交关系。中法建交是我国外交上的一件大事，在当时被国

1971年，作者在联合国。

际舆论称为外交上的一次“核爆炸”。另一方面，我国积极支持亚非拉各国人民争取民族独立和解放的斗争，以及取得独立后发展民族经济的努力。1964年1月16日，周恩来总理提出“中国政府对外经济技术援助的八项原则”。中国帮助坦桑尼亚和赞比亚修建坦赞铁路就是“对外援助八项原则”的生动体现。中国真诚援助非洲的行动，感动了非洲兄弟，非洲人认识到中国人是把非洲的事情当作是自己的事情来做的。那么非洲人，也就要把中国人的事情当作自己的事情来做。当时非洲人最能帮助中国人的行动，就是恢复中国在联合国的合法席位。所以在26届联大讨论恢复中国在联合国代表权的提案时，坦桑尼亚总统尼雷尔亲自赴纽约坐镇指挥。阿尔及利亚的外交部长布特弗利卡就在大会会场，现场指挥这场斗争。非洲国家在恢复中华人民共和国在联合国合法席位的斗争中，出了大力。所以，当联大通过决议恢复我国合法席位决议的消息传到北京后，毛主席感动了，说是“非洲兄弟把我们抬进联合国的”。

1971年，我国在联合国的合法席位得以恢复，除去因为我国根据“两个中间地带”的思想制定了长远的战略并坚决执行之外，还因为1971年7月的基辛格访华。美国是反对在1971年就恢复我国在联合国合法席位的，并要求它的盟国和对美友好的国家，跟着美国一起反对。但是基辛格访华这一行动的本身，却使美国自己陷入了困境。美国要发展对华关系，但又不允许别人发展对华关系，这完全是说不通的。基辛格访华也促使一些国家，在联合国大会上投票支持恢复我国合

1971年作者与夫人在联合国代表团期间。

法席位，或者选择弃权。这样的结果是美国人原先没有想到的。

## 尼克松访华

1972年2月21日至28日，美国总统尼克松访问中国，这是一次历史性的访问。2月28日，《中美联合公报》（又称《上海公报》）发表，标志着中美关系进入了一个新阶段。

尼克松一行先抵达上海，然后在中国外交部副部长乔冠华等的陪同下飞赴北京。在总统专机降落之前，尼克松反复要求所有随行人员，飞机降落后必须留在机舱里，保证他和第一夫人率先走下舷梯。

1954年日内瓦会议期间，美国国务卿杜勒斯和周恩来总理同时出席一场招待会。我曾经听见周恩来总理亲口说过这段轶事。在这次招待会上，周恩来总理是准备与杜勒斯握手的。但当他走近杜勒斯时，发现杜立刻把左手上的酒杯换到右手，周总理立刻明白了，杜不愿与他握手。

尼克松这次来到中国时则不然，走下舷梯后，快步走向周恩来，与他握手。在热烈的掌声中，两位伟人的手紧紧地握在了一起，这次“跨越太平洋的握手”持续了一分多钟。

2月21日，就在尼克松一行抵达北京的当天下午，毛泽东主席会见了尼克松总统。关于中美关系的僵局，毛主席认为双方都存在一些问题，表示中美要对话，不要一直“僵着”，对于两国的对话与谈判，要有耐心和信心。

2月21日晚，周恩来在人民大会堂举行国宴欢迎尼克松一行。周恩来在致

尼克松访华时游览杭州。

酒词中指出："中美两国人民是伟大的人民，希望在和平共处五项原则的基础上，通过双方坦率地交换意见，弄清楚彼此之间的分歧，努力寻找共同点，使我们两国的关系能够有一个新的开始。"

尼克松访华的最重要的成果就是发表联合公报。1972年2月25日，乔冠华与基辛格就联合公报草案问题达成了协议，分别呈送给毛泽东主席和尼克松总统，得到两位最高领导人的批准。2月26日，尼克松总统在周恩来总理陪同下飞往杭州。然而，由于美国国务卿罗杰斯当时没有参加中美联合公报稿的谈判，公报谈成并得到双方最高领导批准后，他才看到了中美联合公报稿。

周恩来总理宴请尼克松总统。

毛泽东主席会见尼克松总统。

罗杰斯和国务院官员对此大为不满，他们对《中美联合公报》进行了研究，提出了15条修改意见。尼克松对罗杰斯这一表现十分恼火，但是如果无视罗的意见，就会引发国务院与白宫有关公报的争吵，影响他的访华成果。于是，尼克松考虑再三，决定让基辛格找乔冠华谈判修改公报。

2月26日，美方代表团抵达杭州后，基辛格根据尼克松的指示找到了乔冠华，要求对已经达成的公报稿重新谈判。乔冠华听说要重新谈判，头都大了，表示：毛泽东主席和中共中央政治局已经批准了公报。中方为了照顾美方，在谈判中已经作出了很多让步。现在离公报发表的时间已经不足24小时，修改公报怎么来得及呢？

乔冠华见了基辛格之后，立即向周恩来总理作了汇报。周恩来总理认为，对美方重谈公报的要求不能拒绝。他说："《公报》的意义不仅仅在它的文字，而在它背后无可估量的含义。《公报》把两个曾经极端敌对的国家带到一起来了。两国之间有些问题推迟一个时期解决也无妨。《公报》将使中

《中美联合公报》诞生地上海锦江饭店。

国和世界产生多大的变化，是无法估量的。”

周恩来立即打电话给毛主席，汇报了最新情况。毛泽东思考了一会儿说：“除了台湾部分我们不能同意修改外，其他部分可以商量。”

乔冠华和基辛格26日连夜举行会谈，讨论公报的修改，中方接受了罗杰斯等人的部分意见。2月27日凌晨2时许，双方达成了协议。乔冠华和基辛格把双方达成的协议稿向各自的最高领导作了汇报，并得到了认可。

2月27日下午，在上海锦江饭店小礼堂，举行了中外记者招待会，发表了《中美联合公报》即《上海公报》。小礼堂挤得满满的，有好几百位外国记者参加，共同见证了这一改变中美关系、改变世界的事件。

上述外交大事真可谓惊心动魄，我当时在外交部翻译室工作。1971年11月我随同中国代表团赴纽约出席第26届联合国大会，并在大会结束后留在中国常驻联合国代表团工作。今天回忆起上述大事，还历历在目，好像昨天发生的事情一样。毛主席、周总理对于上述外交大事把握得何等好啊！这些大事，构成了新中国外交第二篇精彩华章。

## 三、改革开放，邓小平外交上的大手笔

1978年，十一届三中全会调整了中国这艘大船的航向，决定改革开放，把工作的重心转移到经济建设上来。这是一项影响深远的战略决策。要贯彻这样一个大的方针，必须将国内和国际两个大局结合起来才行，必须营造一个良好的国际环境。

回顾中华人民共和国成立以来的中国外交，大体上可以分为两个阶段，第一阶段是1949年中华人民共和国成立到1978年十一届三中全会召开。这段时间，世界处于冷战时期，美苏紧张对峙，争霸全球，是这个时期国际关系的主线。中国一度与美苏两个超级大国交恶，中国外交的总的目标是求生存。人民共和国是一个新生事物，有人不喜欢，总想扼杀这个新生事物。外交工作总是包含着合作与斗争两个方面，在第一阶段中国外交的主导面是斗争，合作是为斗争服务的，我们要为人民共和国的生存而奋斗。

第二阶段是1978年十一届三中全会以后，这个时候时代的主题正在发生变化，从战争与革命，转为和平与发展。这是国际关系中最大的变化。中央审

时度势，对我国外交政策做了大幅度调整，外交的总目标由求生存转变为求发展。要发展，必须有一个和平的国际环境，必须开展国际合作。离开国际合作，我们国家是没有办法发展起来的。因此这个阶段外交工作的主导面是合作。合作并不意味着没有斗争，斗争并不是为了破裂，而是为了使合作更加顺畅地进行下去。

1978年十一届三中全会前后，小平同志运筹帷幄，在外交上采取了五项重大的行动，为我国改革开放、建设有中国特色的社会主义，创造了良好的国际环境。

## 中美建交

1979年1月1日，中美两国正式建立外交关系。这一天离尼克松访华开启中美关系正常化大门，已经过去了六年多时间。由于邓小平副总理和卡特总统的远见卓识以及双方谈判代表的共同努力，实现了中美关系正常化。

中美建交，是邓小平同志 1977年7月第三次复出后，在谋划中国改革开放大局时，在外交上作出的重大决策。

1977年1月20日，民主党人吉米·卡特出任美国第39届总统。卡特是一个很有中国情结的人，称自己“还是个孩子的时候，便对中国产生了兴趣”。因此，在他当选总统后不久，就把基辛格请到其家乡佐治亚州普兰斯，向他请教中国的有关情况以及中美关系中必须解决的问题。卡特还特地阅读了尼克松、基辛格与毛泽东、周恩来的谈话记录，对中国在中美建交问题上的立

2012年12月15日，江苏省南京市，美国前总统吉米·卡特先生参加鼓楼医院120周年庆典。

场有了初步了解。

然而，卡特上任之初，其外交政策基本上处于国务卿万斯的影响之下，将重点放在与苏联进行限制战略武器谈判问题上，中美关系正常化排在其后。在总统国家安全班子于 1977年1月召开的首次讨论最紧迫问题会议上，甚至没有提到对华政策。随着中国“文化大革命”结束，改革开放进程启动，美国国内一些有远见的经济界人士也开始认识到中国市场的巨大潜力，上书卡特总统，要求其下决心实现中美关系正常化。美国国会中也有些议员支持卡特的行动，1977年4月，美国国会议员代表团访华。

1977年5月22日，卡特总统在圣母玛丽亚大学发表对外政策演说，强调继续实现中美关系正常化发展的重要性。之后，卡特派联合汽车工人工会主席伦纳德·伍德科克出任美国驻北京联络处主任。卡特认为，选择这样一位在美国社会中有影响的人担任该职务，是为了向中国人传递美国希望两国建立更密切关系的信息。

在伍德科克动身来中国之前的一个星期，卡特特地告诉伍德科克，他认为中美建交是可取的，他可以说服美国人民接受，愿意承担这件事的政治责任。当然，“剩下的唯一障碍是我们承担的不抛弃生活在台湾的中国人的和平生存的义务”。

在这种背景下，卡特总统决定启动中美建交谈判。在1977年夏天的美苏战略武器谈判受挫后，卡特将原定于当年11月的万斯访华提前到8月进行，以便尽早实现中美关系正常化。

对于中国来说，早日与美国建交既有国际政治的需要也有经济上的需要。从国际政治形势来看，由于苏联悍然入侵阿富汗，在中苏、中蒙边境大量陈兵，支持越南在印度支那三国搞地区霸权主义，对中国安全的威胁是不言而喻的。同时，中越关系日益恶化，越南在中越边境一再骚扰滋事，在其国内发起大规模的反华、排华活动，把大批华人华侨驱赶回中国。为此，中国需要通过与美国关系正常化来改善国际处境，构建一个有利于我国发展的国际环境。

从经济上看，1978年十一届三中全会以后，我国党和政府工作的重心开始转移到经济建设上来，并实行改革开放。中国需要引进大量的国外先进技术、设备和资金，而美国是世界上综合实力最为强大的国家，能够成为我引进先进技术、设备和资金的重要来源。

1978年5月，卡特派国家安全事务助理布热津斯基访华。5月21日，邓小平会见了布热津斯基。在会见中，当布热津斯基开始将重点转向中美关系正常化问题上时，邓小平表示问题在于美国还没有下定决心。布热津斯基当即向邓小平转达了卡特总统的意见，关于美中建交事，“美国的决心已下”。但他同时也告诉邓小平，美方面临某些国内和遗留的历史问题需要克服。

通过与布热津斯基的谈话，邓小平敏锐地认识到，中美建交的重要机遇到来了，指示中国外交部必须紧紧抓住这个机遇。

卡特为了防止美国“极右”势力和台湾当局破坏中美建交谈判，决定让谈判秘密进行。出于保密考虑，美方建议将谈判地点放在北京。美方谈判代表是联络处主任伍德科克，中方代表是黄华。北京谈判从1978年7月5日开始，先后举行了六次。到了谈判的最后阶段，邓小平副总理亲自介入了谈判。

经过六轮会谈，中美双方达成如下协议：

（1）美国承认中国关于一个中国的立场，台湾是中国的一部分，承认中华人民共和国政府是中国的唯一合法政府，在此范围内，美国人民将同台湾人民保持文化、商务和其他非官方关系；

（2）在中美关系正常化之际，美国政府宣布立即断绝同台湾的“外交关系”，在1979年4 月以前从台湾海峡完全撤出美国军事力量和军事设施，并通知台湾当局终止“共同防御条约”；

（3）从 1979年1月1日起，中美双方互相承认并建立外交关系，3月1日互派大使、建立大使馆。双方商定于1978 年12月16日（美国时间15日）同时发表《中华人民共和国和美利坚合众国关于建立外交关系的联合公报》。

在中美即将宣布两国建交前夕，北京时间1978年12月15日下午，伍德科克

1978年12月16日，《人民日报》号外，中美关于建立外交关系的联合公报。中国政府发表声明，重申台湾是中国的一部分，并宣布邓小平于1979年1月访问美国。

紧急要求约见邓小平同志，谈判关于美国向台湾出售防御性武器的问题。这件事情事关重大，完全可以使中美建交谈判前功尽弃。当时，为小平同志做翻译的施燕华同志，在她撰写的《我的外交翻译生涯》一书中作了如下回忆：

12月15日下午，伍德科克又要求见邓小平。已到最后时刻，有什么紧急事呢？我们心里都在“打鼓”。

伍德科克进入人民大会堂福建厅时，表情凝重，仿佛遇到了大问题。他坐定后，第一句话是：“奉总统指示，要向中方澄清一个问题。”接着他说，“1979年一年不向台湾出售武器，并不意味以后也不出售。美方不会主动讲此事，但若有记者问，总统将不得不说明这一点。”

邓小平反问：“难道正常化只管一年？”

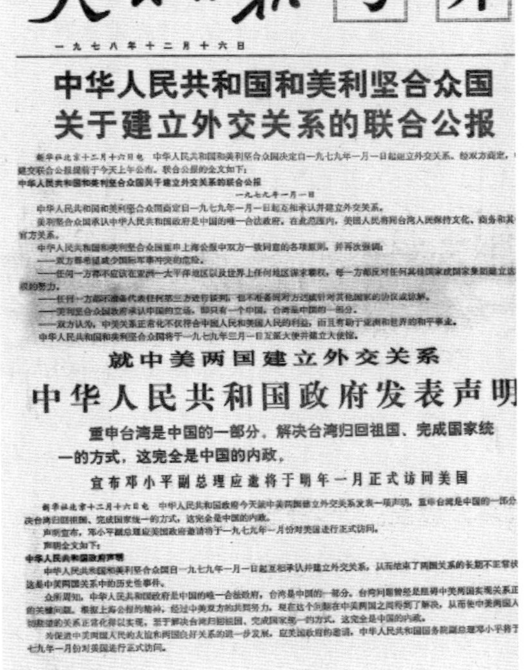

人民日報 号外

一九七八年十二月十六日

中华人民共和国和美利坚合众国关于建立外交关系的联合公报

新华社北京十二月十六日电　中华人民共和国和美利坚合众国决定自一九七九年一月一日起建立外交关系。经双方商定，建交联合公报提前于今天上午公布。联合公报的全文如下：

中华人民共和国和美利坚合众国关于建立外交关系的联合公报

一九七九年一月一日

中华人民共和国和美利坚合众国商定自一九七九年一月一日起互相承认并建立外交关系。

美利坚合众国承认中华人民共和国政府是中国的唯一合法政府。在此范围内，美国人民将同台湾人民保持文化、商务和其他非官方关系。

中华人民共和国和美利坚合众国重申上海公报中双方一致同意的各项原则，并再次强调：

——双方都希望减少国际军事冲突的危险。

——任何一方都不应该在亚洲—太平洋地区以及世界上任何地区谋求霸权，每一方都反对任何其他国家或国家集团建立这种霸权的努力。

——任何一方都不准备代表任何第三方进行谈判，也不准备同对方达成针对其他国家的协议或谅解。

——美利坚合众国政府承认中国的立场，即只有一个中国，台湾是中国的一部分。

——双方认为，中美关系正常化不仅符合中国人民和美国人民的利益，而且有助于亚洲和世界的和平事业。

中华人民共和国和美利坚合众国将于一九七九年三月一日互派大使并建立大使馆。

就中美两国建立外交关系

中华人民共和国政府发表声明

重申台湾是中国的一部分，解决台湾归回祖国、完成国家统一的方式，这完全是中国的内政。

宣布邓小平副总理应邀将于明年一月正式访问美国

新华社北京十二月十六日电　中华人民共和国政府今天就中美两国建立外交关系发表一项声明，重申台湾是中国的一部分，解决台湾归回祖国、完成国家统一的方式，这完全是中国的内政。

声明宣布，邓小平副总理应美国政府邀请将于一九七九年一月份对美国进行正式访问。

声明全文如下：

中华人民共和国政府声明

中华人民共和国和美利坚合众国自一九七九年一月一日起互相承认并建立外交关系，从而结束了两国关系的长期不正常状态。这是中美两国关系中的历史性事件。

众所周知，中华人民共和国政府是中国的唯一合法政府，台湾是中国的一部分。台湾问题曾经是阻碍中美两国实现关系正常化的关键问题。根据上海公报的精神，经过中美双方的共同努力，现在这个问题在中美两国之间得到了解决，从而使中美两国人民热切期望的关系正常化得以实现。至于解决台湾归回祖国、完成国家统一的方式，这完全是中国的内政。

为促进中美两国人民的友谊和两国良好关系的进一步发展，应美国政府的邀请，中华人民共和国国务院副总理邓小平将于一九七九年一月份对美国进行正式访问。

对方无以对答。此刻大厅里一片寂静，空气仿佛凝结了。

邓小平用火柴盒轻轻敲打茶几，仿佛要强调他说的话："美国在和平解决台湾问题上是可以有所作为的，但要是继续卖武器给台湾的话，只会在和平解决台湾问题上设置障碍，最终可能导致武力解决。在中国和平统一方面，美国可以起相当的作用，至少不要起相反的作用。"他明确表示，如果卡特总统公开声明要继续向台湾出售武器，中方不会同意，也要立即表态。

"这件事怎么办？就这样算了？"邓小平眼睛盯着伍德科克问。

伍德科克顿时脸涨得通红，不知如何回答好。其实他本人是主张早日同中国关系正常化的，不赞成在这最后一刻提出如此充满争议的要求。

最后，邓小平说："我看这样吧，我们还是15日宣布，先避开不谈。但这事情没完，以后还要再谈。"

中美双方在座人员都长吁了一口气，伍德科克脸上露出了笑容，赶紧说："好，好，谢谢副总理先生，我立即报告总统。"

小平同志果断地处理了这个问题，显示了他在关键时刻，处理外交难题的大智慧。外交上经常碰到一些难题，处理好，是需要大智慧的。邓小平的大智慧在于，今天解决今天能够解决的问题，千万不要把今天解决不了的问题，勉强拿到今天来解决。那样做，不仅解决不了问题，而且会给自己带来诸多麻烦。美国售台武器问题，当时解决不了，后来双方在1982年8月17日谈成了一个关于售台武器的公报。即便如此，到今天，这个问题还没有得到解决。如果要等解决了这个问题再建交，那今天中美还没有建交，后果不堪设想。

## 邓小平两次访问日本

1978年10月和1979年2月，小平同志先后两次访问日本。现在回头看，这两次访问，为中日关系后来30多年的大发展奠定了坚实基础。

小平同志在谋划中国改革开放大局的时候，是把中美关系和中日关系联系起来考虑的。他曾经表示他年纪大了，不想更多地出访外国，但是有两个国家他是一定要访问的，那就是美国和日本。的确，在1979年2月，小平同志结束了第二次对日本访问之后，就再也没有出访其他国家了。

1978年10月22日至29日，邓小平副总理访问日本，这是中国的最高领导人首次访问日本，访问的由头是为《中日和平友好条约》换文。1978年8月12日，中日两国签订了《中日和平友好条约》，中国外交部长黄华和日本外务大臣园田直分别代表两国在条约上签字。

《中日和平友好条约》的签订，是在小平同志直接领导下进行的，这是出于中国当时国际和国内的需要。1978年，苏联对中国的威胁依然存在，苏联对日本的威胁也依然存在。所以在《中日和平友好条约》里，专门有一条反霸条款是这样说的：

“缔约双方表明：任何一方都不应在亚洲和太平洋地区或其他任何地区谋求霸权，并反对任何其他国家或国家集团建立这种霸权的努力。”

19世纪末和20世纪上半叶的中日战争，是在中国几千年的文明史上，外国对中国开战并对中国造成最大损害的战争，战争留下了很深的伤痕。为了中日两国人民世代友好，永不再战，并保证中国现代化建设事业能够顺利进行下去，条约特别做出了如下的规定：

“根据上述各项原则和联合国宪章的原则，缔约双方确认，在相互关系中，用和平手段解决一切争端，而不诉诸武力和武力威胁。”

1978年10月23日上午，《中日和平友好条约》批准书互换仪式在日本首相官邸举行，中国国务院副总理邓小平与日本首相福田赳夫出席，中国外交部部长黄华和日本外相园田直分别代表本国政府签署了“互换《中华人民共和国和日本国和平友好条约》批准书的证书”，互换了批准书的正本，《中日和平友好条约》从此生效。

小平在访问期间，除去与日本首相福田赳夫举行会谈，并与政界人士广泛接触外，1978年10月23日，邓小平和夫人卓琳还在日本皇宫会见了日本天皇裕仁和皇后良子。这是中国领导人第一次会见日本天皇。

邓小平除去政治会见外，还参观了日本的企业，与日本经济界的领导人进行了广泛的接触。1978年10月28日，邓小平与日本松下电器产业公司最高顾问松下幸之助会晤，并订下了一个“君子约定”。邓小平对松下幸之助说：“您能否为中国的现代化建设帮点忙？”松下幸之助答应：“无论什么，我们都将全力相助。”

小平同志在访日期间，对于中日之间的分歧问题也做了妥善的处理。1978年10月25日，邓小平在东京日比谷日本记者俱乐部举行记者招待会。当日本记者问及钓鱼岛问题时，邓小平回答说：“你们叫‘尖阁列岛’，我们叫钓鱼岛，这个名字我们叫法不同，双方有着不同看法。实现中日邦交正常化时，我们双方约定不涉及这一问题。这次谈中日和平友好条约的时候，双方也约定不涉及这一问题……我们这一代缺少智慧，谈这个问题达不成一致意见，下一代比我们聪明，一定会找到彼此都能接受的方法。”

1979年2月6日，小平同志在圆满结束了对美国的访问之后，距离他上一次访问日本仅仅三个多月，再次访问了日本，可见小平对日本的重视。访问期间他同日本首相大平正芳举行了会谈。他在拜访日本前首相福田赳夫时说：“如果说《上海公报》推动了中日邦交正常化，那么现在也可以说，《中日和平友好条约》推动了中美邦交正常化。”

## 邓小平访问周边五国

1978年1月26日至1月31日，邓小平同志访问了缅甸。2月3日至2月6日，访问了尼泊尔。11月5日至14日，访问了泰国、马来西亚和新加坡。

小平同志在十一届三中全会前，出访五个周边的国家，反映出他对周边国家的重视。中国要开始现代化的新的长征，这是一个宏伟的目标，要实现这一目标，我们需要一个和平、稳定、合作的国际环境，周边国家对我们来说至关重要。然而，在“文化大革命”期间，四人帮的极“左”路线，对中国外交造成了严重的干扰，他们打着“世界革命”的旗号，肆意干涉周边国家的内政。小平同志这次出访，就是要纠正四人帮的极“左”路线，把被颠倒的东西再颠倒过来。小平同志在与五国领导人会谈中说，中国政府今后将坚决按照和平共处五项原则行事。

1978年2月3日，小平同志在拜会尼泊尔国王比兰德拉时，指出：

“中尼两国的友谊是马亨德拉国王和毛主席、周总理缔造的。国王陛下也尽了很大的努力。尽管在文化大革命初期，极‘左’分子破坏中尼关系，伤害了尼泊尔人民的感情，但这段时间很短，尼泊尔朋友表示了原谅，我们很感谢。”

小平同志在走访泰国、马来西亚、新加坡东盟三国的时候，还肯定了东盟是本地区和平与稳定的因素。

## 中英、中葡达成了香港、澳门回归的协议

在小平同志设计的为我国的改革开放创造一个和平稳定国际环境的大战略中，香港、澳门的回归问题占有重要的位置。这两个问题都是历史遗留下来的问题。

中英签订的《南京条约》和《北京条约》把香港永久割让给英国。后来双方签订的《展拓香港界址专条》将新界租借给英国，租期99年，到1997年6月30日到期。尽管中华人民共和国成立后，我们对这三个不平等条约是不承认的，但我们没有单方面改变英国统治香港的现状。随着1997年6月30日临近，香港回归的问题提上了议事日程。

澳门的情况与香港有所不同，根据晚清时期和民国时期中葡签订的《中葡和好通商条约》，承认澳门的主权归中国，但葡萄牙获得了对澳门的“永久管理权”。中华人民共和国对上述不平等条约都是不予以承认的，但我们没有采取行动结束上述状况。然而，到了上个世纪80年代，澳门回归的问题也

香港维多利亚港景色。

提上了议事日程。

改革开放以来，我们设立的四个经济特区——深圳、珠海、厦门、汕头，都是毗邻香港、澳门的。在20世纪结束前，顺利完成香港和澳门的回归祖国，并保持香港、澳门的繁荣稳定，不仅是时代赋予我们的使命，而且这对于我们的改革开放顺利进行具有重要的意义。小平同志为此付出了大量的心血。

香港的回归要与英国谈，澳门的回归要与葡萄牙谈。这两个谈判都很不容易，但比较而言，与英国人的谈判要艰难得多。

1980年 1月16日，邓小平代表中央提出中国在80年代的三大任务，即：加紧社会主义现代化建设，维护世界和平，实现祖国统一。其中，实现祖国统一这个任务的重要方面，就是收回香港与澳门的主权。

在中国方面做了上述政策目标的宣示后，英国就不断派人来中国了解情况，千方百计想摸到中国在香港问题上的底牌。

1982年英国前首相希思带着撒切尔夫人交付的重任来到中国。见到邓小平后，希思明确提出希望知道中国对香港的态度。

邓小平回答："无论将来香港的政治地位如何，香港经济现状会维持不变，投资者大可放心。"邓小平的话很含蓄，但是已经把中国政府对解决香港问题的基本立场表述得清清楚楚。

希思进一步问道："现在谈判是否有点仓促呢？"邓小平回答："不，我们有办经济特区的经验，我们有逐步好转的国际关系，是考虑解决香港问题的时候了。"

1982年6月，邓小平又借会见香港知名人士费彝民、王宽诚等人的机会，正式对外公布了中国政府处理香港问题的基本立场和原则：（一）一定要在1997年收回香港，恢复行使主权，不能再晚；（二）在恢复行使主权的前提下，保持香港的繁荣和稳定。即"收回主权、保持繁荣、制度不变、港人治港"的16字方针。这就是邓小平同志为实现祖国统一而提出的"一国两制"的战略构想。

1982年4月至6月，英国与阿根廷为争夺马尔维纳斯群岛进行了一场战争，英国获胜，撒切尔在国内的名望大升。1982年9月撒切尔夫人访华，标志着中英关于香港问题的第一轮谈判开始。撒切尔本想借用她在英国国内很高的支持率访问中国，解决香港问题，但她的底牌是想用主权换治权，就是说香港的主权可以回归中国，但英国人在香港要继续统治下去。

1982年9月24日，邓小平在北京人民大会堂会见了来访的撒切尔夫人。这是中英双方关于香港问题的一次关键性的谈话。

撒切尔夫人坚持三个不平等条约仍然有效，提出如果中国同意英国1997年后继续管治香港，英国可以考虑中国提出的主权要求。针对撒切尔夫人的强硬态度，邓小平明确表示：

“我们对香港问题的基本立场是明确的，这里主要有三个问题。一个是主权问题；再一个问题，是1997年后中国采取什么方式来管理香港，继续保持香港繁荣；第三个问题，是中国和英国两国政府要妥善商谈如何使香港从现在到1997年的15年不出现大的波动。”

这三个问题概括起来就是：主权问题，一国两制问题，过渡时期问题。

关于主权问题，邓小平斩钉截铁地表示，主权不容谈判。他强调指出：

“中国在这个问题上没有回旋余地。

如果中国在1997年，也就是中华人民共和国成立48年还不把香港收回，任何一个中国领导人和政府都不能向中国人民交待，甚至也不能向世界人民交待。如果不收回，就意味着中国政府是晚清政府，中国领导人是李鸿章。

人民就没有理由信任我们，任何中国政府都应该下野，自动退出政治舞台，没有别的选择。”

因此，邓小平代表中国政府申明：“不迟于一、二年的时间，中国就要正式宣布收回香港这个决策。”

在人民大会堂的这场谈判，比预定的一个半小时多出了50分钟。撒切尔夫人走出来时，脸色凝重。在走下大会堂前的台阶时，她忽然一脚踩空，跪

2012年6月，作者访问英国维珍集团。



倒在地上。

在第一阶段的谈判中，撒切尔夫人使出了浑身解数，妄图坚持三个不平等条约仍然有效，但中方的态度更加坚决，立场丝毫不动摇，无奈之下，1983年3月撒切尔夫人只好妥协，告知中方愿意在香港主权归中方所有的立场上进行谈判。至此，第一阶段的谈判结束。

1983年7月1日中英两国政府同时发表公报，宣布关于香港前途问题的第二阶段会谈，将于7月12日在北京开始。经过历时14个月，前后22轮的艰苦谈判后，1984年12月19日，中英两国终于签署了《中英关于香港问题的联合声明》，并在1985年5月27日换文生效，正式确认香港将在1997年7月1日回归中国。

相比之下，关于澳门问题的谈判较为顺利。1979年2月9日，中葡两国建交，葡萄牙肯定澳门是中国领土，至于归还时间与细节将在适当时间由两国政府谈判解决。

1986年5月20日，中国与葡萄牙政府正式发布新闻公报，宣布6月30日在北京举行中葡两国关于澳门问题的谈判。中国代表团团长、外交部副部长周南在欢迎葡萄牙代表团的致辞中指出："中葡两国就澳门问题的谈判，将是伙伴之间的关系，而不是对手之间的关系。"

中葡两国经历了4轮谈判，于1987年3月23日达成协议。1987年4月13日，中国总理和到访的葡萄牙总理分别代表中葡两国政府在北京人民大会堂西大厅正式签署《中葡联合声明》，确定澳门将在1999年12月20日回归中国。

## 中苏关系正常化

中苏关系是中国最重要的双边关系之一，自中华人民共和国成立以来，两国关系大起大伏。中苏关系经历了“十年结盟，十年论战，十年对抗，十年谈判”的曲折过程，对中国外交产生了深刻影响。中苏关系实现正常化是在邓小平“结束过去，着眼未来”的思想指导下，循序渐进，水到渠成的。

1978年十一届三中全会后，小平同志就一直在思考，如何实现中苏关系正常化的问题。1982年3月24日，苏联领导人勃列日涅夫在塔什干发表讲话，表示愿意改善同中国的关系。对于苏联领导人的讲话，邓小平指示要立即作出反应。3月 26日，外交部举行了建部30多年来的第一次新闻发布会，钱其琛以外交部发言人身份发表了一份有关中苏关系的简短声明：

“我们注意到了3月24日苏联勃列日涅夫主席在塔什干发表的关于中苏关系的讲话。我们坚决拒绝讲话中对中国的攻击。在中苏两国关系和国际事务中，我们重视的是苏联的实际行动。”

这一声明中的“注意到”和“重视”实际就是“听其言，观其行”的意思，暗示中苏关系在对抗了多年后可能发生重要变化。

1986 年9月2日，邓小平在接受美国记者华莱士电视采访的时候，谈到了中苏关系，他说：“如果戈尔巴乔夫在消除中苏间的三大障碍，特别是在促使越南停止侵略柬埔寨，和从柬埔寨撤军的问题上，走出扎扎实实的一步，我本人愿意跟他见面。”

三大障碍是指：（1）60年代中期起，苏联在蒙古人民共和国大量驻军，并在中苏边境屯兵百万；（2）1978年12月，苏联支持越南出动20余万兵力武装入侵柬埔寨；（3）1979 年，苏联出兵阿富汗。三大障碍的实质是苏联对中国安全的威胁问题，中国政府认为这是实现中苏关系正常化的关键。

1988年12月1日至3日，中国外长钱其琛应邀对苏联进行正式访问。这是 1957 年以来中国外长第一次正式访问苏联，主要任务是为中苏首脑会晤做准备。

1988年底，举行高级会晤的条件基本成熟。10月17日，邓小平在同罗马尼亚领导人齐奥塞斯库谈话时说："三年前托你带的口信看来有成果，中苏明年能够实现高层会晤。"关于高级会晤的主要对话者和地点双方达成一致。11月7 日，邓小平同即将访苏的钱其琛谈话，在谈到戈尔巴乔夫拟在 1989 年访华时说："我可以同他谈一次，作为高级会晤。"据此，钱其琛在访苏时与苏方达成共识：中苏高级会见是指邓小平与戈尔巴乔夫的会见。

12月2日，戈尔巴乔夫会见钱其琛时，双方正式讨论了高级会晤的问题。戈主动表示，考虑到各种情况，他准备到北京与中国领导人举行中苏高级会晤，并坦言，苏联对过去发生的事情也有过错。钱其琛顺势向他转达了中国领导人欢迎他于1989年访华的邀请，并表示，对于两国关系，中方主张着眼于未来，不纠缠历史的旧账，向前看，探讨建立新的关系。

在访问期间，钱其琛与苏联外长谢瓦尔德纳泽举行了三次会谈，主要议题是柬埔寨问题。经反复磋商，双方就柬埔寨问题以"共同记录"的方式达成内部谅解，其核心内容是：中苏双方主张尽早公开合理地政治解决柬埔寨问题，双方希望越南军队在尽可能短的时间内，例如在1989年下半年，至迟在1989年底之前，从柬埔寨全部撤出。

这样，中苏两国在三大障碍中最难解决的越柬问题上终于取得了重大突破。钱其琛与谢瓦尔德纳泽分别在随后举行的记者招待会上宣布，中苏高级会晤有可能在明年上半年举行。

1989年2月1日至4日，谢瓦尔德纳泽对中国进行了回访。钱其琛外长与谢瓦尔德纳泽进行了两次会谈，主要讨论了柬埔寨问题。中方接受苏方的建议，同意在已经达成的“共同记录”的基础上继续讨论，并就柬埔寨问题公开发表声明，概述中苏在政治解决柬埔寨问题上的一致主张。这个声明及举行高级会晤的时间将作为一揽子协议共同发表。2月4日上午，邓小平接见了谢瓦尔德纳泽，会见时邓小平再次强调了早日解决柬埔寨问题的重要性。

尽管访问期间苏方态度曾发生倒退，不同意发表关于柬埔寨问题的共同声明，只同意宣布戈尔巴乔夫的访华日期。但经过中方反复交涉，终于达成协议。2月6日，双方同时发表了有关柬埔寨问题的声明和戈尔巴乔夫的访华日期。这样，三大障碍中最重要的一个障碍基本得到解决。

至于三大障碍中的其他两个障碍，此时已基本解决。关于减少苏联在中苏、中蒙边境驻军问题。1987年1月，苏联宣布，在未来的4至 6个月，苏联将从蒙古撤出一个摩托化步兵师和其他部分部队。

1988年 12月，戈尔巴乔夫在联大发言中宣布苏联将在两年内从蒙古撤回 75%的驻军。1989 年5月15日，这一撤军过程开始。1986年7月，戈尔巴乔夫在海参崴讲话中宣布苏联将从阿富汗撤军。在联合国主持下，苏联与巴基斯坦、阿富汗喀布尔政权及美国举行谈判。1988 年4月14日，四方在日内瓦签署了关于政治解决阿富汗问题的协议。协议规定：苏联从 1988年5月15日开始从阿富汗撤军，9个月内完成。最终，苏军于1989年2月15日前全部撤离阿富汗。

至此，通向中苏高级会晤的道路终于扫清了。

1989 年5月16日，中共中央军委主席邓小平和到访的苏联最高苏维埃主席团主席、苏共中央总书记戈尔巴乔夫在北京人民大会堂共同宣布中苏关系正常化，从而结束了自20世纪五六十年代以来两国之间持续了近30年的紧张、对抗关系。中苏两位领导人握手时间长达1分30秒，翻开了中苏关系的新篇章。中苏关系正常化，不仅是两国之间的大事，也是国际关系中的大事。

现在回头看，邓小平这五大措施抓得十分及时。中美建交使我国外交大局稳定了。两次访问日本，中日签订和平友好条约，使得中日关系步入了长期稳定的发展轨道。访问周边五国，邓小平亲自做工作，使周边国家领导人深受感动，逐步打消了对我国的重重疑虑，转为与我国积极开展合作。以一国两制的办法通过谈判妥善地解决了港澳回归的问题，保持了香港、澳门的繁荣稳定。中苏关系正常化是邓小平在外交上耗费心血最多的一件事。因为中苏关系已经对抗了20多年，积怨很深，要想正常化绝非易事。邓小平做了周密的设计和安排，使得两国关系从逐步改善到1989年5月完全实现了正常化。

邓小平这五条措施顺应了世界大势，抓住了主要矛盾，为中国营造了30多年的和平、合作的国际环境。我们30多年大发展，也得益于有了这样的国际环境。

## 四、打破制裁 —— 20世纪末中国外交

1989年春夏之交，北京发生“政治风波”后，美国等西方国家对我国采取了

一系列严厉的制裁措施。主要包括：停止高层交往；实行武器禁运；经济上对中国进行限制和刁难；中国加入关贸总协定的谈判陷于停顿。中国外交跌入了人民共和国成立以来的低谷，形势十分严峻，确有“黑云压城城欲摧”的架势。但是，我们在邓小平同志的领导下，处变不惊，冷静分析了当时面临的国际形势。

小平同志指出：“对国际形势还要继续观察，有些问题不是一下子看得清楚，总之不能看成一片漆黑，不能认为形势恶化到多么严重的地步，不能把我们说成是处在多么不利的地位。实际上情况并不尽然。世界上矛盾多得很，大得很，一些深刻的矛盾刚刚暴露出来。我们可利用的矛盾存在着，对我们有利的条件存在着，机遇存在着，问题是要善于把握。”

小平同志上述一番话是1990年3月3日讲的，讲得十分精辟，提出了打破制裁的指导思想。打破制裁是一个系统工程，中央制定了一整套行之有效的打破制裁的方针和战略。经过四年的努力，我们不仅粉碎了西方对我国的制裁，而且迎来了中国外交的黄金时期。这是自1949年中华人民共和国成立以来，外交上的又一精彩华章。

## 1989年斯考克罗夫特两次访华

1989年“六四”之后，美国总统布什几次向中国领导人传递口信，表明他重视中美关系，并解释说目前对中国的制裁，是在美国国会和社会压力下被迫采取的行动，希望中国领导人予以谅解。1989年6月21日，布什总统秘密致函邓小平同志，要求派特使秘密访华，与邓小平完全坦诚地谈话。6月21日，小平同志复信布什总统，指出，中美关系目前面临危机和挑战，他对此感到担心，因为这种关系是双方共同培养起来的。为了避免中美关系继续下滑，邓小平表示同意布什总统派特使访华的提议，在双方绝对保密的情况下，欢迎美国特使访华，并愿亲自与他进行坦诚的交谈。

布什总统接到邓小平同意美国特使访华的回信后十分高兴，决定派时任总统国家安全事务助理的斯考克罗夫特将军作为他的特使于7月1日访华，随行人员只有副国务卿伊格尔伯格和一名秘书，不带警卫和其他人员。

1989年12月，美国总统布什派遣美国国家安全事务助理斯考克罗夫特为密使前来中国，中国副外长刘华秋到机场迎接。

1989年7月1日下午，斯考克罗夫特乘坐专机抵达首都机场，由于他在华只停留20多个小时，日程安排很紧。

7月2日上午，邓小平会见了斯考克罗夫特将军。在会见前，邓小平对陪同会见的李鹏总理和钱其琛外长说：“今天只谈原则，不谈

具体问题。制裁措施我们不在意，吓不倒我们。”“不要说七国制裁我们，七十国也没有用！”

邓小平还指出：“中美关系要搞好，但不能怕，怕是没有用的，中国人应该有中国人的气概和志气。我们什么时候怕过人？解放后，我们同美国在朝鲜打了一仗，那时我们处于绝对劣势，制空权一点儿没有，但我们没有怕过。中国人的气概就是不怕鬼、不信邪。”

在会见斯考克罗夫特将军时，邓小平说：“目前中美关系处在一个很微妙，可以说相当危险的境地。对于导致中美关系向着危险的、甚至破裂方向发展的行动，在美国方面没有看到任何停止的迹象，反而还在加紧步伐。”随后，邓小平严正指出：问题出在美国，中国没有触犯美国的利益，而美国在很大范围内介入了中国的内部事务，直接触犯了中国的利益和尊严，中国有一句话，“解铃还须系铃人”，希望美国今后能采取实际行动，取信于中国人民，而不要火上浇油。

斯考克罗夫特说，他这次来华，不是谈判解决中美关系中困难的具体方案，而是解释布什总统所面临的困境，和他要努力维护、恢复和加强中美关系的立场。中美关系出现了尼克松总统第一次访华以来，从未遇到过的风波，布什总统对此深感不安，派他作为特使、直飞上万公里秘密访华，没有其他含义，就是要同中国领导人取得联系，维护中美关系。斯考克罗夫特又说，目前，美国国会要求布什政府采取更加严厉的措施。布什总统反对这种议案，今后还将继续反对；但在国会一致通过制裁中国的情况下，布什总统如使用否决权，将遇到极大困难。总统在控制事态发展方面，并不是万能的。

听了斯考克罗夫特这番“解释”后，小平同志指出：“他希望美国政治家和人民了解一个事实，即中华人民共和国的历史，是中国共产党领导人民打了22年仗，如果算上抗美援朝，则是打了25年仗，牺牲了2000多万人，才赢得的胜利。中国是一个独立的国家，对外执行独立自主的和平外交政策，中国的内政不容任何外人干涉。中国不会跟着人家的指挥棒走。不管遇到什么困难中国都能顶得住。”小平同志还直截了当地告诉他，在中国，没有任何力量能取代中国共产党的领导。这不是空话，这是经过几十年考验证明的。任何国家同中国打交道，都应遵循和平共处五项原则，包括平等互利、互相尊重、不干涉内政的原则。我们希望中美关系能在遵循和平共处五项原则的基础上继续发展，妥善处理各种问题。否则，关系变化到什么地步，责任不在中国。小平同志最后强调：“阁下刚才讲的话，有些我们同意，相当一部分我们看法不一样，但这没关系。结束这场不愉快的事，要看美国的言行。”

小平同志会见后，斯考克罗夫特又与李鹏总理和钱其琛外长举行了会谈。现在回头看，斯考克罗夫特这次访华，主要是与中方高层直接接触，了解中国的情况和中国的立场。小平同志与斯考克罗夫特的谈话分析了中美关系恶化的症结所在，强调“解铃还须系铃人”，“要看美国的言行”。

1989年10月10日，基辛格博士来访，小平同志在接见他时，提出了一揽子解决中美关系纠葛的建议，并请他回到美国后向布什总统转达。这些建议包括：

第一，美国采取适当方式，明确宣布取消对华制裁；

第二，双方共同努力，争取在较近时期内落实几项较大的中美经济合作项目；

第三，建议美方邀请江泽民总书记于第二年适当时间正式访美。这些建议的主要目的是解决困扰中美关系的棘手问题，使两国关系重新回到正常轨道。

基辛格博士回到美国后，很快向布什总统做了汇报。同时，小平同志于11月15日回复了布什总统11月6日的来信。邓小平同志在信中说："我一直把你看作中国的朋友，并非常希望在你任期内中美关系得到发展，而不是倒退。在我退休的时候，改变中美关系目前恶化的局面是我的心愿。读了你的信后，我对中美关系如何共同采取步骤恢复和发展友好关系问题，产生了一些想法。我已委托基辛格博士向你当面转达。我希望并相信将能得到你的积极响应。我本人和中国政府欢迎你派私人特使访华。"

美方很快做出反应。12月1日，美国总统布什给小平同志写信，提出在马耳他美苏首脑会晤后一周内，将派国家安全事务助理斯考克罗夫特作为特使公开访华，向中方领导人通报美苏首脑马耳他会晤情况。信中还要求中方对小平同志提出的结束中美关系纠葛的一揽子建议做出进一步的澄清，表示希望并相信可以找到恢复两国关系的途径。布什总统还在信中表示，他正在为"解铃"而做出努力，请中方也予以协助，共同做出努力。

1989年12月9日，斯考克罗夫特开始第二次访华，主要陪同人员依然是副国务卿伊格尔伯格。但与半年前秘密访华不同，这次访问是公开的，一共进行了两天。其间，小平同志、江泽民总书记和李鹏总理都分别会见了他，钱其琛外长与他进行了会谈。针对美国以压促变而又留有余地不愿破裂的心理，邓小平在这次谈话中突出了以下几点：

第一，中国一定要坚持社会主义，坚持改革开放。中国的内政要由中国人自己来管，绝不允许任何外国干涉。中国政府绝不会在压力下让步。世界上最不怕孤立、最不怕制裁的就是中国。

第二，中国威胁不了美国，美国不应该把中国当作威胁自己的对手。中国没有做出伤害美国的事。美国在很大范围内直接侵犯了中国的利益和尊严。要解决问题，美国要采取主动，解铃还需系铃人。

第三，中美两国之间尽管有些纠葛，有这样那样的问题和分歧，但归根到底，中美关系要好起来才行，因为这是世界和平和稳定的需要。自1972年尼克松访华以来，世界局势总的比较稳定，中美关系占的分量不轻。中美关系有一个好的基础，就是两国在发展经济、维护经济利益方面有互相帮助的作用。

第四，考虑国与国之间的关系主要应该从国家自身的战略利益出发。在着眼自身长远战略利益的同时，也要尊重对方的利益，而不去计较历史的恩怨，不去计较社会制度和意识形态的差别。双方都让点儿步，总能找到双方都可以接受的较好办法。恢复中美关系需要双方共同努力，不要拖久了，拖久了对双方都不利。

邓小平同志讲上述这番话时，时任外交部美大司司长张毅君在场，他立即感到，邓小平这一番话句句在理，字字真实，有一种来源于事实和逻辑的不可抗拒的说服力，使任何遁词都黯然失色。美国总统特使无法反驳这些道理，只能反复强调布什总统虽有意同中国保持友好关系，但受制于美国国内政治，不能自由施展，希望中方帮忙。应该说，他的这种说法是相当被动的。为了落实原则，打破僵局，使濒于破裂的中美关系得到恢复和发展，邓小平在会见中再次提出了解决中美纠葛的"一揽子方案"。主要内容是美国取消对华制裁，中美达成几个大的经贸合作项目，美方邀请江泽民总书记访美。在这个方案中，要求美国取消制裁是核心。中美关系之不正常是由于美国干涉中国内政、制裁中国而来。取消制裁，两国关系就能够恢复正常。而中美达成大的经贸合作项目和美方邀请江泽民总书记访问则意味着新的发展和前进。

斯考克罗夫特两次访华，中方在解决中美关系问题上是掌握主动的。1989年底，美方经过慎重考虑之后，正式答复表示同意"一揽子解决方案"。这些行动使中美之间的紧张关系逐步趋于缓和，为美国政府宣布延长中国最惠国待遇和逐步放宽对华制裁创造了有利气氛。但后来由于东欧剧变、苏联解体，美国成为唯一的超级大国，称霸野心膨胀，错误地估计形势，放慢了改善中美关系的步伐，直到1997年10月，江泽民主席应邀到美国进行国事访问，"一揽子方案"才终于全部实现。

1989年12月10日，邓小平在会见美国总统特使斯考克罗夫特时，似乎已经预感到中美关系的复杂性和艰巨性。在会见的最后，他告诉美方他已不再担任军委主席，并语重心长地说："请特使转告布什总统，在东方的中国有一位退休老人，关心着中美关系的改善和发展。"这句话既表现出他对中美关系前景怀有信心，也表现出他估计到搞好中美关系的长期性。

打破制裁，美国是关键。小平同志亲自做美国总统特使斯考克罗夫特的工作，提出了改善与发展中美关系的路线图。后来，实践表明，中美关系大

20世纪90年代，“沙漠风暴行动”，科威特被解放之后，美国第18联队的士兵排队登上一架C－130“大力神”号运输飞机，前往北卡罗来纳州的布雷格堡。这架“大力神号”隶属第1630战略空运大队。

体上就是沿着这条路线图，不仅逐步改善，而且迎来了大发展。

## 第一次海湾危机

1990年8月伊拉克入侵科威特引发的第一次海湾危机是在苏东剧变、冷战即将结束的复杂背景下爆发的，对冷战后国际关系尤其中东局势的发展有重要影响。危机爆发之时，正值西方对我国实行严厉制裁的时候。我们没有被制裁束缚住手脚，相反，我们充分利用了中国安理会常任理事国的地位，在中东和海湾地区进行穿梭外交，开展了卓有成效的工作，显示了我国的作用和价值。美国不得不主动突破制裁，贝克国务卿与钱其琛外长举行会晤，美国总统老布什还专门会见了钱其琛外长。

1990年8月2日凌晨1时（科威特时间），伊拉克共和国卫队三个师越过伊科边界，向科威特发起突然进攻。与此同时，一支特种作战部队从海上对科威特城实施直升机突击。拂晓时分，东西对进的两支部队开始攻打市内目标。科威特埃米尔贾比尔·萨巴赫仓促中携部分王室成员逃到附近的美国军舰上。埃米尔的胞弟法赫德亲王在保卫王宫的战斗中阵亡。上午9时，伊军基本控制科威特市。入侵开始后13个小时即下午4时，伊军占领了科威特全境。伊拉克入侵科威特震惊了整个国际社会。

在苏联、欧洲国家、日本、阿拉伯世界各国纷纷作出了反应的同时，出乎伊拉克预料的是，美国不仅作出反应，而且反应最为强烈。8月7日，美国总统布什正式签署出兵海湾的行动计划，立即开始向海湾地区调兵遣将，大规模增加这一地区的军事力量。同时，美国多方活动，争取在对伊动武上获得联合国安理会的授权，这样美国对伊拉克动武就是合理和合法的了。

就在美国紧锣密鼓准备对伊拉克动手的背景下，中共中央纵观世界全局，决定派遣钱其琛外长以特使身份于11月6日至12日出访埃及、沙特、约旦和伊拉克，开展“穿梭外交”。这是中国外交史上的第一次“穿梭外交”。

“穿梭外交”（shuttle diplomacy），在外交史上是一个新词。在1973年“十月战争”之后，为促成以色列军队从埃及和叙利亚领土撤军，基辛格在七个月里往返于各国的首都之间，寻求达成有限的目标。1974年1月《纽约时报》首次运用“穿梭”一词来形容亨利·基辛格的外交活动。这是一个形象的比喻。

美国获悉钱其琛外长将出访中东进行“穿梭”的消息后，立即提出，安排国务卿贝克在开罗机场与钱其琛外长会晤。美国十分明白，如要联合国安理会授权美对伊拉克动武，他们需要中国。

11月6日下午4点，钱其琛外长与贝克在开罗机场贵宾室会晤，谈了一个半小时。这是自1989年春夏之交“北京风波”以来，中美两国外长第四次会晤。贝克在会谈中表示，十分赞赏中国在解决海湾危机中的作用。他说，美国无意在海湾永久驻扎陆军。危机消除后，美国会立即撤军，只保留1949 年以来一直驻扎在那里的海军力量。如果钱其琛外长访问伊拉克时能使萨达姆认识到中国将最终支持通过决议，授权使用一切适当的方式执行安理会的决议，那么将增加和平解决海湾危机的机会。他又说，美国将继续执行已实行了三个月的制裁，并准备向海湾增兵以施加政治、经济和军事压力。如果制裁无效，希望中国不要阻挠授权对伊拉克采取一切必要的行动，包括军事行动。

钱其琛外长向他说明，此次出访的主要目的，是同有关阿拉伯国家的领导人探讨和平解决海湾危机的可能性，没有什么“方案”，也没有受权进行调解，只是想在安理会决议的框架内对伊拉克领导人进行劝说，表示将坦率地告诉他们正面临的最后抉择，要么无条件从科威特撤军，要么就会遭受严重灾难。

11月6日至11日，钱外长先后访问了埃及、沙特和约旦，会见了三国的领导人，向他们阐明了中国对海湾危机的立场，得到了他们的谅解与支持。11月11日中午，钱外长飞抵巴格达，这是钱外长访问中东地区最引人瞩目的一站。由于实行制裁，巴格达的机场空荡荡的，看不到一架飞机，与半年前钱外长到巴格达时所见到的飞机频繁起降、人群川流不息的繁忙景象，已经完全不同了。当天中午和晚上，钱外长与伊拉克副总理兼外长阿齐兹接连举行了两轮会谈。

钱外长先向阿齐兹介绍了此次访问的情况，包括与科威特领导人和美国国务卿贝克会晤的情况。钱外长告诉他，占领科威特是不可接受的。现在局势严峻，战争随时可能爆发，而战争将是一场灾难，国际社会希望和平解决海湾危机， 阿齐兹为伊拉克占领科威特进行辩解。讲了一大通伊拉克攻打科威特的理由，认为科威特故意压低油价是对伊拉克发动经济战，又说中东地区最危险的不是8月2日伊拉克攻打科威特的事件，而是巴勒斯坦问题。会谈中，阿齐兹最关心的，还是美国是否会真的动武，以及中国对安理会可能授权动武的态度。

钱外长向他重申了中方对解决海湾危机的原则立场，并对他说，我方支持由联合国召开中东问题和会，但把海湾危机与中东其他问题联系起来是很困难的。钱外长告诉他，美国动武，也并非一定要经过安理会授权。贝克已经有过这样的暗示。在钱外长与阿齐兹会谈时，伊方有两个速记员，轮换着记录，交替着出去，估计是在随时打印记录，立即上报。

11月12日上午，钱外长去见萨达姆，这是钱外长访问伊拉克的重头戏。大约在 11 时左右，钱外长见到了萨达姆。在那年的3月初钱外长访问伊拉克时，曾见过萨达姆。不过，这次他一身戎装，腰上还别了一把手枪，让人感到了几分临战气氛。差不多两个小时的会谈，中间曾有片刻休息，那时，他才把手枪取下，放在桌旁。钱外长首先向他表明了中国政府对海湾地区紧张局势的关切，希望能和平解决危机。钱外长说，目前爆发战争的危险越来越大，想听听他的看法。萨达姆说起话来，没有客套，直截了当，但强词夺理，不时显出蛮横之态。他说，科威特自古以来就是伊拉克的一部分，就如同香港是中国的一部分。接着，他详细讲述了伊、科的历史关系，并称伊拉克从未在法律上正式承认伊、科边界。他对科威特政府提出了种种指责，说“8·2 事件”前，美国等西方国家就对伊拉克施展阴谋，而科威特与美国、以色列有勾结。又说，别看科威特人口少，力量弱，但拥有经济优势，可以用经济战搞垮伊拉克，所以，“8·2 事件”是伊拉克的自卫行动。萨达姆还说，中东地区的根本问题是巴勒斯坦问题，处理中东地区问题，应采取同一个标准而不是双重标准。当前的问题应同美国撤军、停止制裁等一系列问题的解决联系起来。伊拉克一直是为实现和平而准备做出牺牲的本地区的重要国家之一。在平等和相互尊重的气氛中，伊拉克愿意以开放和大方的态度，与各方进行对话。在没有事先得到保证的情况下，伊方的任何灵活态度，都可能导致严重后果。

钱外长针对萨达姆把科威特与香港相提并论的说法，严肃地指出：香港问题完全不同于伊、科关系。香港一直是中国的领土，只是被英国通过鸦片战争霸占了一百多年。即便如此，中国仍是采取和平方式与英国谈判，最终达成了解决香港问题的协议。而伊拉克与科威特有外交关系，互设使馆，都是联合国成员和阿拉伯国家联盟的成员，无论如何，伊拉克军事占领科威特是不能接受的。

钱外长对他说，中东问题从长远看，都应解决，但当前迫切的问题，是由于伊拉克占领科威特而形成的紧张局势，正使战争的危险在日益增大。这时，萨达姆转换话题问钱外长，美国是否真的要打仗？显然，像阿齐兹一样，这是他心里最关心的问题。

钱外长说：“一个大国，集结了几十万军队，如果不达到目的，是不会不战而退的。”这个回答很好，用一个常理回答了萨达姆，是一个“understatement”。钱外长告诉他，中国不准备提出方案或充当调解人。为了避免战争，应当由伊拉克自己提出解决方案。谈话中，萨达姆没有表示出任何愿意撤军的意思，但陪同会见的阿齐兹告诉钱外长，此次萨达姆的表态比以往任何一次都要灵活了。至于萨达姆说希望进行平等对话，阿齐兹私下向钱外长解释说：这可以先从小范围对话开始，如包括伊拉克、沙特在内的

2011年1月8日，作者出席会议后参观阿联酋阿布扎比大清真寺。

三四个阿拉伯国家开始；伊拉克也愿同美国开展对话。

如今看来，萨达姆后来的一系列战略失误，都是基于当时的一个错误判断，以为只要伊拉克做出一些缓和姿态，美国就不会真的动武。

回到北京不久，钱其琛外长就收到了贝克的一封信。信中说，他本人对在开罗的会谈感到非常满意，布什总统在听取汇报后，也有同感。美国正在考虑下一步骤，希望能很快再次会晤。同一天，我方通过驻美使馆，向美方通报了中国外长访问伊拉克的情况。

11月20日下午，贝克又从法国巴黎打来电话。主要是谈两件相互有关联的事，一是美国要在安理会搞个事实上是授权动武的决议；二是希望钱其琛外长出席将于11月28日举行的安理会部长级会议，并邀请钱其琛外长会后正式访问华盛顿。

钱其琛外长表示，在当前海湾形势十分严峻的情况下，和平解决和政治解决的呼声很高，国际社会应保持并加强对伊拉克的政治、外交和经济的压力。把对一个国家采取战争行动这样重大的问题提到安理会讨论，应当十分慎重。对于决议案，在中方没有看到案文之前，不能给予明确答复。

11月27日，布什总统又分别给江泽民总书记、杨尚昆主席、李鹏总理写了内容相同的信。中心意思是，希望中方支持美方提出的决议草案，并说，即将进行的安理会投票表决以及钱其琛外长对美国的访问，将为实现双边关系的重大进展提供决定性的机会。

11月28日，钱外长率领中国代表团赴纽约，抵达纽约时已是半夜。美国国务院来接机的官员告诉我方人员，贝克正在饭店等候。中国代表团一行来到华尔道夫饭店，走进会客室，只见贝克等美方官员坐满了一屋子。会谈中，美方仍是想在投票前夕劝说中方投赞成票。钱其琛对贝克说，动武事关重大，必须慎重。对美方来说，采用军事手段，问题解决得可能快些；而使用和平方式，也许需要更长些时间，但是，战争方式造成的损失会比较大，后遗症会有很多。接着，钱其琛说，中国人民对当年美国以联合国军的名义进行的朝鲜战争记忆犹新，美国现在仍在对中国实施所谓制裁，而中美关系尚未恢复正常。在这种情况下，中方对有关决议，不予否决，已是最大的照顾了。

11月29日，投票当天上午，钱其琛外长忙于会见一些国家的外长，贝克又多次打来电话，转达布什总统的口信，继续劝说中方对决议投赞成票。中方的投票立场已经确定，不可能再改变，自然拒绝了贝克的要求。

下午3时40分，安理会就海湾危机举行的部长级会议开幕。会议的主题就是讨论和表决美国提出的决议案，其关键内容是：除非伊拉克在 1991年1月 15日或此前完全履行安理会各有关决议，否则授权同科威特政府合作的联合国会员国使用一切必要手段维护并执行安理会有关决议。

那天会场上的气氛很紧张，不仅旁听席坐满了人，连两边的走廊上也站满了人。大家最为关注的是中国的态度。如果中国投了否决票，决议案就通不过了。5 时30分，钱外长就中方投票立场做了解释性发言。最后，决议案以12票赞成、2票反对、1票弃权通过。中国投了弃权票。古巴和也门投了反对票。

当天晚上，贝克宴请安理会常任理事国外长，表面上谈笑风生，私底下却通过工作人员通报，让我方第二天去华盛顿，但因为布什总统忙于处理海湾危机，不能安排时间会见钱其琛外长。当晚，美国国务院也如此通知了中国驻美使馆。我方判断，惯于“做交易”的贝克，显然是对这次“交易”心有不甘，想用见布什总统这件事来压中国。此时，如果中方赌气不去访问，会显得有点儿小家子气了；去了华盛顿，总统不见，也不合适。我方代表团商量的结果是，去还是要去，去了还要见到总统。

为此，我国驻美大使朱启祯星夜驱车从纽约赶回华盛顿，于午夜3时同美国总统国家安全事务助理斯考克罗夫特通了电话。美大司司长张毅君等也连夜联系，通宵未眠。我方在联系过程中发现，斯考克罗夫特和贝克的态度是不同的。斯考克罗夫特并没有说布什总统不想见钱其琛外长，显然这是贝克一个人的主张。最后，斯考克罗夫特于凌晨6时答复称，欢迎钱外长按原定时间访问华盛顿并与布什总统会晤。11月30日上午9时30分，中国官员由纽约乘飞机抵达华盛顿。

11 时与贝克举行会谈。贝克告诉钱外长，布什总统将于当日宣布邀请伊拉克外长阿齐兹访美，并准备派贝克本人去伊拉克见萨达姆。钱外长立刻表示，美方的这一步骤是重要的，有积极意义，我方支持。钱外长在访问巴格达时，伊方也曾非正式地提到希望与美国直接对话。中方在前一天也曾建议美国，最需要做的事情是与萨达姆本人谈。贝克称，他把我方的意见当面告诉了布什总统，这也是布什总统作出这些决定的原因之一。

贝克还向钱外长解释了有关会见布什总统的安排。他自我解嘲说，由于中国未投赞成票，他个人觉得，安排布什总统会见似乎不妥。不过，现在这些事都过去了，布什总统已决定会见。钱外长听后笑了一下，转换了话题，对他说：美国为争取安理会通过决议，国务卿先后访问12个国家，和这些国家的外长会晤。美国强调中国作为安理会五个常任理事国之一起着重要作用，但却不到中国去访问。中方曾邀请过国务卿到中国去访问，结果只接到一个电话，电话交流是容易发生误解的。中方仍欢迎贝克国务卿到中国去访问。

11月30日下午1时40分，贝克午宴结束后，钱外长乘车直接去白宫会见布什总统。与布什总统的会见，进行了45分钟。布什表示，他重视美中关系，希望两国关系逐步改善，直至恢复高级领导人的互访。对于中国投弃权票，虽感到失望，但也要感谢中国在海湾问题上同美国的合作。弃权也使决议生效了，这才是重要的。

钱其琛说，中美在海湾问题上进行了很好的合作，中国对安理会十个有关决议都投了赞成票。中国这次作出投弃权票的决定，是很不容易的。中国领导人曾就此进行过反复考虑。钱外长又向布什介绍了访问伊拉克的情况。他说，在敦促伊拉克从科威特撤军的问题上，中美没有分歧。中美今后在国际事务中要进行合作的领域还很多，尽管两国处境不同，对问题采取的态度和方法不同，但双方在维护世界和平方面，还是能找到共同点的。

这次访问结束前，钱其琛外长举行了记者招待会。会上记者的提问大都集中在中美关系的敏感问题上，并对布什总统会见中国外长的安排感到惊奇，认为这是对制裁的重大突破。

## 妥善处理苏联解体后的事宜

1991 年12月25日，苏联总统戈尔巴乔夫发表电视讲话，宣布苏联解体。苏联解体是20世纪后半叶国际关系中最重要的变化，标志着战后雅尔塔体制的寿终正寝。苏联解体后，变为15个国家，这是中国外交当时面临的一大新问题，如何处理？现在回头看，我们处理得非常漂亮。

面对苏联解体的形势，中央迅速作出了果断的决策：不以意识形态和社会制度划线，尊重各国人民的选择。在苏联正式解体前，苏联波罗的海的三个加盟共和国早已宣布独立。1991年9月11日、12日和14日中国立即分别与爱沙尼亚、拉脱维亚和立陶宛建立了外交关系。12月27日，钱其琛外长发电报给俄罗斯外长科济列夫，正式通知他，中国政府决定承认俄罗斯联邦政府，并决定中国原驻苏联大使王荩卿改任驻俄罗斯大使，还表示中国政府愿在和平共处五项原则的基础上，保持和发展同俄罗斯的友好合作关系。此外，钱其琛外长还分别向其他11个国家的外长发电报，承认它们的独立，并准备同它们进行建交谈判。与此同时，中国政府又不失时机，立即派遣了以外经贸部部长李岚清为团长、外交部副部长田曾佩为副团长的中国政府代表团访问了乌克兰、俄罗斯和白俄罗斯，此后又访问了乌兹别克斯坦、哈萨克斯坦、塔吉克斯坦、吉尔吉斯斯坦、土库曼斯坦，同其中的六国建立了正式外交关系。1992年1月中旬，王荩卿大使又作为中国政府代表同亚美尼亚、阿塞拜疆、格鲁吉亚和摩尔多瓦的代表进行了谈判，并签署了建交公报。中国与白俄罗斯的建交公报是 1992年1月20日在北京签署的。这样，中国就完成了与所有的前苏联加盟共和国建立外交关系的任务。

## 日本首相和天皇访华，江泽民访日

1989年，西方七国集团决定制裁中国，制裁的决定是由七国联合作出的，但是，中方敏锐察觉七国的态度不一样。日本在1989年“六四”事件之后，对华态度较为友善。中方认识到，日本可以在打破西方制裁方面起带头作用，遂加强了对日工作。

1989年8月9日，海部俊树当选为日本首相，到1991年10月结束首相生涯，经历了日本泡沫经济的最高峰，以及股市和地产开始崩盘的最初阶段。而这个当政812天的首相，也成为日本在上世纪90年代当政时间最长的首相之一。海部俊树颇有战略眼光，对华友好，重视发展日中关系。海部就任首相后，曾两次在西方七国首脑会议上表示，反对孤立中国，认为与中国“不访、不见、不对话对亚洲没有好处”。在海部的推动下，1989年9月，日本政府宣布解除有关日本人访华的限制，中日两国人员往来恢复正常。

1989年11月9日至13日，以日本经济团体联合会会长斋藤英四郎为最高顾问、日中经济协会会长河合良一为团长的日中经济协会代表团访华。13日，邓

2010年4月13日下午，日本前首相海部俊树和前外相高村正彦到访南京位于江宁区的中日友好樱花园，参加开园仪式。

## 四、打破制裁

小平会见了代表团，表示："我想利用这个机会，正式向政治生涯告别，你们这个团是我见的最后一个正式代表团。"邓小平还告诉日本客人：中国10年来制定的方针、政策不会变，发展战略不会变。中日两国合作具有深厚的基础，这种合作要长期坚持下去。我们对中日友好的方针不会改变。日本方面要自省，不要自大；中国需要自强，不要自卑。

1989年12月5日，日本政府与中国政府签署了日本向中国提供50亿日元无偿资金援助的协议。12月28日，日本政府正式决定邀请时任国务委员兼计委主任邹家华访问日本。1990 年1月16日至25日，邹家华访问日本，这是"六四"事件后中国国务委员一级的高官首次访问西方七国集团的成员国。

1990年7月11日，日本首相海部俊树率先在西方七国首脑会议上宣布取消对华制裁，决定恢复对我国的第三批日元贷款。

一系列的中日互访，为日本首相海部俊树访华铺平了道路。在访华之前，海部俊树接受记者采访时表示："两国已经建立起稳定的、牢固的、成熟的睦邻友好关系"。

1991年8月10日至13日，日本首相海部俊树访华，这是"六四"风波后访华的第一位西方国家现职政府首脑。8月12日，李鹏总理在人民大会堂会见了海部俊树。海部在会谈时说：日中友好一直是日本外交的支柱，加强对话很重要。李鹏总理指出，两国关系曾出现过一些波折，现在两国关系恢复正常，中方赞成海部首相提出的，1992年日中两国领导人实现互访的建议。8月

12日，中共中央总书记江泽民在北京中南海会见日本首相海部俊树。

1992年10月23日至28日，日本明仁天皇和皇后对中国进行了正式访问。在中日交往两千多年的历史上，这是日本天皇首次对中国进行访问，填补了中日关系史上的一项空白。尤其当时中国正面临着西方国家的制裁，日本天皇是西方七国集团中第一位访问中国的国家元首。访问对中日关系的改善与发展发挥了重要的作用。

1991年3月29日，中共中央总书记江泽民接受了日本《中日新闻》加藤巳一郎社长的采访。我当时担任外交部新闻司长兼发言人，参与安排了这次采访。之所以要安排这次采访，是为江总书记即将访问日本做准备。江总书记接受采访时，我在现场，江主席特别表示："中国欢迎日本天皇来中国进行访问。"

中国的最高领导人公开对媒体表示欢迎天皇访华，这还是第一次。江泽民这番表态，引起日本媒体的高度重视，许多报纸在头版以大字标题报道了这番话。

1992年4月6日至11日，江泽民总书记访问日本，这是自1989年西方对中国实行制裁以来，中国最高领导人首次出访西方七国集团的成员国。我当时作为外交部发言人随行，负责新闻方面的工作。4月6日，在江泽民总书记的专机抵达东京成田机场前大约半小时，总书记把钱其琛外长、代表团的其他主要陪同人员和外交部副部长徐敦信请到了前舱，我也被请去了。江主席说："关于天皇和皇后访华事，我考虑了很久。我知道，他们要实现访华很不容易。但这次我们去了，如果天皇和皇后能够回访，这对于中日两国关系的进一步发展大有好处。”

大家很赞成总书记的看法，认为总书记此行要力争对天皇和皇后访华有促进作用。

4月6日下午，江泽民总书记与日本首相宫泽喜一举行了会谈，就双边关系和国际问题交换了意见。双方还特别讨论了天皇和皇后访华的问题。江泽民在与宫泽首相会谈时重申了中方的邀请，强调中方邀请天皇访华，是出于促进两国人民世世代代友好下去这一真诚愿望，并无其他目的，中方也无意在天皇访华问题上给日方出难题。宫泽衷心感谢中方对天皇和皇后的邀请，表示日方对此将积极研究。他说，如能在日中邦交正常化20周年时实现这次访问，将对日中两国关系的进一步发展和增进两国人民的传统友谊产生重要影响。

日本天皇访华，这对于日本政界来讲是一件大事。由于西方对中国的严厉制裁没有取消，日本政界对于天皇是否要访华意见严重分歧。最后，由宫泽喜一首相出面进行协调，日本几位重量级的前首相纷纷支持天皇访华，访华的障碍才最后被清除。

1992年10月23日至28日，日本明仁天皇和皇后对中国进行了国事访问，受到了中国政府和人民的热烈欢迎。

在当天为明仁天皇和皇后举行的欢迎宴会上，杨尚昆主席致词说：中华民族和日本民族都是伟大的民族，两国人民在长期的友好交往中，相互学习，相互帮助，结下了深厚的友谊，为人类的东方文明做出了可贵的贡献。但令人遗憾的是，在近代历史上，中日关系有过一段不幸时期，使中国人民蒙受了巨大的灾难。“前事不忘，后事之师”，牢记历史教训，符合两国人

1995年11月22日作者出席《华侨与抗日战争》图片展。

民的根本利益。经过中日双方的共同努力，两国在20年前实现了邦交正常化，之后又缔结了《中日和平友好条约》，开辟了睦邻友好合作的广阔前景。在当前国际形势下，一个奉行独立自主和平外交政策的中国和一个继续走和平发展道路的日本保持长期稳定、睦邻合作关系，有利于中日两国人民，也有利于亚太地区和世界的和平、稳定与发展。中国人民非常珍视同日本人民之间的传统友谊。只要我们两国信守中日联合声明和《中日和平友好条约》所确定的各项原则，不断做出努力，两国人民世世代代友好下去的愿望一定能够实现。

明仁天皇在答词中回顾了日中两国交流的历史后说："在两国关系悠久的历史上，曾经有过一段我国给中国国民带来苦难的不幸时期。我对此深感痛心。战争结束后，我国国民基于不再重演这种战争的深刻反省，下定决心一定要走和平国家的道路，并开始了国家的复兴。从此，我国专心致力于建立与世界各国之间的新的友好关系。在同贵国的关系上，通过两国前辈们等许多人士的热情努力，建立了要永世和平友好的关系，两国在广泛领域的交流正在不断加深。我对两国国民之间取得了这样的进展感到由衷的喜悦，同时衷心希望这种良好的关系发展成为不可动摇的关系。”明仁天皇还强调，在国际社会为达成人类和平与繁荣的崇高目标正在进行共同努力的情况下，中日两国国民发展友好亲善关系具有重大意义。

江泽民总书记在钓鱼台芳菲苑会见和宴请了明仁天皇和皇后。江泽民说：“中日两国人民的友好交往可以追溯到公元前1世纪，两国人民在相互往来和文化交流方面传颂过许多动人的佳话。今天，在我们看来，对于中日关系一要以史为戒，二要向前看，三要世世代代友好下去。”江泽民表示，相信天皇和皇后的访问将推动两国睦邻友好合作关系向着新的深度和广度发展。明仁天皇赞同江泽民总书记的看法，并强调说：“日中两国要回顾过去，展望未来，加强两国关系十分重要。”

海部俊树首相的访华，江泽民总书记访日与明仁天皇和皇后陛下访华，标志着中日关系实现了正常化。日本突破西方对华制裁发挥的带头作用不可低估。

## 美国国务卿贝克访华

1991年11月15日至17日美国国务卿贝克访问中国，这是自1989年美国对我国实行制裁以来美国国务卿首次访华，受到世界舆论的关注。对于这次访问，中美双方都有十分明确的目的。谈判是艰苦的，一度走到破裂的边缘。钱其琛国务委员负责与贝克主谈，显示了高超的外交智慧。

1991年10月10日，布什总统召见中国驻美大使朱启祯，表示他决定派国务卿贝克访华且不附加任何条件。

贝克于1991年11月15日抵达北京，与钱其琛国务委员进行了会谈。当晚，钱其琛国务委员设晚宴款待贝克一行。贝克访问期间，会见了江泽民总书记、李鹏总理。钱其琛国务委员负责与贝克主谈。

贝克在会见中方领导人时强调，他此次中国之行，在美国国内极不受欢迎；他来访，给中国的“篮子”装满了东西，但他也带了三个“篮子”来（防止武器扩散、经贸合作和人权），希望中方给他装满带回去。

李鹏总理会见贝克的时候表示，中方也希望在美国的三个“篮子”里装东西，但中方也有几个“篮子”，也要装东西，最大的一个是希望美国支持中国恢复在《关贸总协定》中的缔约国地位。

“导弹及其技术控制制度”（MTCR）是这次贝克访华的关键问题。美方要求我方接受 MTCR 的准则（guidelines）和参数（parameters）。而我方原来的底牌是接受MTCR的参数，不接受准则。所谓参数具体是指射程300公里、有效载荷500千克的导弹。

11月17日，双方从上午谈到下午。先由外交部副部长刘华秋与美方会谈，谈了一上午，未达成协议，下午接着谈，仍未达成协议。原定11月17日下午 2 时举行的双方全体会议一推再推，直至下午5时方得以举行。

下午双方全体会议复会后，很快就谈到 MTCR 的问题。贝克称，如果中方不接受MTCR的准则，整个交易告吹（The whole deal is off！）。此时，贝克站了起来，夹起了皮包准备走人，整个会场的气氛紧张到了极点，大家的目光不约而同地集中到钱其琛国务委员的身上。钱其琛国务委员镇定自若，不动声

1991年作者担任外交部新闻发言人。

## 四、打破制裁

色，挥挥手让贝克坐下来，贝克见到钱其琛国务委员的手势就重新坐了下来。

关于武器扩散问题，中国历来主张反对大规模杀伤性武器的扩散。美国等西方国家1987年搞了MTCR，当然有约束我们的意图。从全球的角度看，大规模杀伤性武器扩散不利于国际和平与安全，这也是事实。“导弹及其技术控制制度”最核心的是参数，准则比较“虚”。钱其琛国务委员事前对问题作了充分的研究，把握了关键。如果由于我方不接受 MTCR 的准则而使贝克访问失败，其结果是我国打破西方制裁的势头可能会中断，中美关系可能会出现曲折，从总体上看对我方不利。接受这个准则无损于我方根本的利益，于是钱其琛国务委员果断地打出了新的方案：中方接受导弹及其相关技术控制体系的准则和参数。贝克一听这个话，喜笑颜开，整个会场的气氛顿时缓和下来，双方达成了协议。

宾主双方在道别之后，贝克乘车直接奔赴香格里拉大酒店，对在那里等候多时的中外记者介绍了访华成果，认为这次访问是成功的。记者招待会之后，贝克国务卿立即赴机场乘专机回国。

我作为新闻司司长，出席中美谈判的任务是要立即写出一个新闻稿，供领导批准后向新闻媒体发布。钱其琛国务委员对这次的新闻稿非常重视，特别嘱咐我要在晚上7点以前将新闻稿写出送他审阅。贝克访华之事中国老百姓十分关注，世界也十分关注。当晚，中央电视台《新闻联播》播出了新闻稿，全文如下：

贝克国务卿访华期间，双方进行了长时间的会谈。总的看，这次访问是成功的，有助于中美关系的恢复和发展。在一些问题上，取得了重要进展；在一些有重大分歧的问题上，增进了相互间的了解。

美国方面表示支持中国作为关贸总协定的缔约国参加关贸总协定，台湾作为单独关税区加入。美方还认为，亚太经济合作会议的模式有助于这个问题的解决。

双方讨论了保护知识产权问题。中方提出了积极的建议，并要求美方结束对中国的“特别301”调查，将中国从“重点国家”的名单中删去。美方对中国就知识产权问题提出的积极建议表示欢迎。双方商定，中国经贸部将派出代表团于11月21日和22日在华盛顿进行谈判，以寻求解决这一问题。

关于《不扩散核武器条约》，中方表示，中国政府将建议人大常委会于今年底之前完成审议、批准中国加入《不扩散核武器条约》的法律程序，待人大常委会完成上述法律程序后，中国政府将在三个月内完成正式加入《不扩散核武器条约》的手续。

双方讨论了朝鲜半岛的局势。中方表示一贯关心朝鲜半岛的和平与稳定，支持一切有助于建立朝鲜半岛无核区的主张和行动，并愿意与各方一起努力，推动这一问题的解决。中方还认为，国际社会的努力应有助于推动朝

1995年12月12日作者拜会荷兰首相 Wim KOK。

鲜南北双方通过谈判解决有关问题。

双方还就“导弹及其技术控制制度”交换了意见。中方表示可以考虑在转让时遵守“导弹及其技术控制制度”的准则和参数，条件是美方必须取消今年6月16日宣布对华实施的三条制裁措施。美国方面表示愿意为此做出努力。

双方还讨论了人权问题,阐述了各自的观点和立场。

## 中欧关系实现突破

在打破西方对我制裁方面，总的形势是，日本带头，欧洲跟上，美国殿后。1991年和1992年年初，中欧关系在打破制裁方面实现了明显的突破，并形成了一定的势头。

我是1991年1月担任外交部新闻司司长的。新闻司司长是一个非常独特的工作，出席我国的

1999年7月27日作者在法国奥恩省参观访问时合影。

重大外事活动，接触的中外领导人多，了解的信息广。从1991年下半年起，我就深切地感到，我们打破西方制裁的形势越来越好。到了1991年下半年，中国外交面临着一些新的机遇：9月，英国首相和意大利总理先后访华；英国为呼应美国总统老布什建立“世界新秩序”的主张，倡议安理会1992年初举行首脑会议，讨论如何巩固和加强联合国在处理国际事务中的地位及作用；世界经济论坛主席施瓦布邀请李鹏总理出席1992年1月的世界经济论坛，并发表演说。外交部的领导立刻意识到，这些都是我国进一步打破制裁的重要机遇，必须抓住机遇，用好机遇。因此，外交部建议李鹏总理不仅要出席安理会首脑会议和世界经济论坛，而且要借此机会，走向西欧，访问意大利、瑞士、葡萄牙和西班牙。外交部的这一建议得到中央的充分认可和赞许。

我作为外交部新闻司司长和发言人，出席了上述重大外事活动，并负责撰写新闻稿和向媒体吹风。

## 英国首相和意大利总理访华

1991年9月1日至3日，英国首相梅杰访华。在欧洲国家中，英国首相梅杰是第一个访华的。英国一向跟美国跟得很紧，但这一次英国却走到了前面。原因是，围绕香港回归有一些紧迫的问题，需要中英两国的领导人坐下来谈。1991年9月3日，在梅杰首相结束访华的时候，中英两国政府正式签署了《关于香港新机场建设及有关问题的谅解备忘录》，并发表了联合新闻公报。香港新机场要在1997年7月1日香港回归前建成，1991年距离1997年临近了。中英之间如果不签订《关于香港新机场建设及有关问题的谅解备忘录》，建设新机场就无法开工。

1991年9月15日至21日，意大利总理安德雷奥蒂访问中国。意大利是西方七国集团成员国之一。安德雷奥蒂1919年出生，是意大利老资格的政治家，颇有战略眼光，长期担任意大利基督教民主党党首，曾出任过四届意大利总理。

1989年至1990年，我在中国驻欧共体使团和驻比利时使馆担任二把手。由于制裁，我当时见不到欧共体委员会的高级官员。然而，欧洲理事会负责政治协调的意大利人雅努齐大使却愿意和我接触。我曾经多次会见他，雅努齐告诉我：1989年7月，西方七国首脑在巴黎举行会议，庆祝法国大革命胜利200周年。会上决定对中国实施制裁。就在对华制裁决定做出后，安德雷奥蒂总理对意大利代表团人士说，不应当孤立中国。他说：中国人口占世界的五分之一，是一个正在崛起的国家，孤立中国既不可能，也不现实。

安德雷奥蒂总理访华期间，与李鹏总理举行了会谈，会见了江泽民总书记和万里委员长。我时任外交部新闻司司长及新闻发言人，出席了上述所有会见和会谈。安德雷奥蒂与中方领导人谈得很好，给我留下了深刻印象。访问期间，安德雷奥蒂总理还当面邀请李鹏总理在方便的时候访问意大利。安德雷奥蒂是1989年后，向李鹏总理发出访问邀请的第一位西方领导人。

## 李鹏总理出席安理会首脑会议和世界经济论坛

1992年1月31日上午10 时45分，联合国安理会首脑会议在联合国总部安理会会议厅隆重举行。5个常任理事国和10个非常任理事国的国家元首和政府首脑或代表出席了会议。会议由安理会1月份主席国英国首相梅杰主持，各国首脑将就国际形势和共同关心的问题以及联合国面临的挑战进行讨论。

这次安理会首脑会议，是冷战结束后第一次首脑会议。核心是讨论如何建立世界新秩序的问题。李鹏总理在会上全面阐述了中国对建立世界新秩序的主张。他说：

“为了真正赢得世界和平，为各国人民创造一个发展的有利环境，现在国际社会正愈来愈多地议论应该建立一个什么样的国际新秩序的问题。中国认为，《联合国宪章》所确认的成员国主权平等、不干涉内政等基本原则，是所有成员国都应该共同遵守的。中国政府根据《联合国宪章》的精神和公认的国际关系准则，并考虑到变化了的国际形势，对建立一个稳定、合理、公正和有利于世界和平与发展的国际新秩序有以下一些基本看法，愿意与各国政府共同探讨。国际新秩序应该建立在互相尊重主权和领土完整、互不侵犯、互不干涉内政、平等互利、和平共处等五项原则的基础上，其核心是互不干涉内政，各国政府和人民都有权根据自己的国情选择自己的社会制度和意识形态。

国家不分大小、强弱、贫富，都有权作为国际社会的平等成员参与国际事务，为世界的和平与发展做出自己应有的贡献。

国际新秩序应包括经济新秩序。当前，南北差距仍在扩大，矛盾更加突出，已成为国际生活中一个不稳定因素。建立一个公正合理、平等互利和妥善处理债务负担的国际经济新秩序比以往任何时候都显得更加迫切和重要。”

1月31日，李鹏总理在联合国总部安理会旁边的一个会议室里会见了美国总统布什。这是李鹏总理出席安理会首脑会议期间，会见各国首脑中，最引人瞩目的一次会见，也是在1989年6月之后，中国总理第一次会见美国总统。当时我作为外交部发言人在场，感到会见的气氛是友好的，双方的对话是坦率的。李鹏总理敦促美国早日取消对华制裁，布什总统则强调重视美中关系。

除去会见布什总统外，李鹏总理在联合国总部还分别会见了联合国秘书长加利、日本首相宫泽喜一、俄罗斯总统叶利钦、奥地利总理弗拉尼茨基、委内瑞拉总统佩雷斯、印度总理拉奥、厄瓜多尔总统博尔哈等等。

除去印度总理拉奥是李鹏总理1991年12月访问印度时，与他举行过会谈外，其他政要都是“政治风波”后中国领导人与他们的首次会面。

1992年1月30日，李鹏总理出席了第22届达沃斯世界经济论坛。达沃斯世界经济论坛是一个以探讨世界经济问题和促进国际经济合作与交流为宗旨的国际民间组织。它是由瑞士日内瓦大学教授克劳斯·施瓦布于1971年倡议创建的。每年1月份最后一个星期四，“世界经济讨论会”在瑞士冬季度假胜地达沃斯小城举行，为期一周。每年达沃斯世界经济论坛都会有2000多位政界、经济界、学术界和新闻界的领军人物出席，在西方，该会议被称为“非官方的国际经济首脑会议”。

世界经济论坛是一个触摸世界经济脉搏、向全球经济界发出信息的地方。1992年的中国迫切需要消除外界的种种疑虑，让世界知道中国坚持改革开放的方针不变。

1月30日，李鹏总理一行从伯尔尼乘车于中午抵达达沃斯，首先与施瓦布短暂会晤。会见后，施瓦布主席设午宴款待李鹏总理一行。宴会开始时，施瓦布即席讲话，对论坛的主宾李鹏总理表示感谢和欢迎。李鹏总理感谢施瓦布主席邀请他出席年会，他说：“中国是一个人口众多的发展中国家，中国要实现现代化，就需要改革开放，需要与世界各国合作。中国经过十二年的改革开放，取得了很大的进步，三年来的治理整顿也取得了明显的成效。”他强调：“中国国内目前的形势很好，我们有条件加快改革开放的步伐。我们将进一步改善中国的投资环境，欢迎大家去中国投资。”

当地时间下午6时会议开始。施瓦布致辞后，向大会介绍李鹏总理，并请他发表演讲。李鹏总理走上讲台，发表了题为《九十年代的中国经济》的讲话。李鹏总理首先介绍了中国经济的发展状况，并强调指出：

中国实现现代化的过程，离不开与世界各国的经济技术合作和交流。在自力更生的基础上不断扩大对外开放，是中国的一项基本国策。在80年代，我国与世界的经济联系日益密切，进出口贸易成倍增长，外商来华投资踊跃，陆续兴办的外商投资企业已有1.7万多家投产，实际投资达到230多亿美元。在90 年代，我国在继续办好经济特区和沿海开放地区的同时，将努力利用国内外资金开发和建设上海市的浦东新区。上海是中国最大的工业城市和经济中心，有着长江沿岸广阔地区作为腹地，发展前景是极为广阔的。随着对外开放的进一步扩大，投资环境也将进一步改善。我们欢迎各国各界人士到中国参观考察。对工商界人士来说，在中国肯定可以得到很多投资与合作机会。90年代中国在能源、交通、通讯、原材料等方面要建设更多的项目，在加工工业方面要进行大规模的技术改造，中国的市场是对世界各国开放的，既对发达国家开放，也对发展中国家开放。中国愿意以各种方式，包括使用政府贷款和买方信贷等方式，与外国企业合作。中国出口的扩大，将为增加进口

1994年10月24日作者与欧洲东方中文电视台队合影。



国内建设需要的技术、设备和物资提供更大的可能。去年中国进口在600亿美元以上，按此推算5年之内当在3000亿美元以上。

李鹏总理这篇讲话，在与会者中激起了强烈的反响，这是他们在1989年6月后第一次亲耳听到中国总理的讲话，李鹏总理讲完话之后，立即下山赴机场，乘专机去纽约。在下山的过程中，我接到世界经济论坛的组织者打电话来询问：李鹏总理讲的中国今后五年将从国外进口3000亿元的物资，这3000亿讲的是美元还是人民币？我当即澄清是美元，第二天许多国际主流媒体均以“今后5年中国将从国外进口3000亿美元的物资”为头版大字标题，对李鹏总理的讲话进行了报道。

## 李鹏总理访问意大利、瑞士、葡萄牙和西班牙

1月27日上午，李鹏总理与意大利总理朱利奥·安德雷奥蒂在马达马国宾馆举行了正式会谈。欢迎仪式后，李鹏总理和安德雷奥蒂总理出席了在国宾

馆大厅内举行的有关广州乙烯项目和山西文物展的两个协议的签字仪式。这是意大利和中国两国政府加强合作的一个具体表现。

随后双方举行了正式会谈。双方就共同关心的国际问题交换了看法。在谈及中国同西欧的关系时，李鹏总理指出，尽管国际形势发生了巨大的变化，但中国与西欧之间没有根本的利害冲突，双方之间存在重要的共同利益。中国和西欧合作是世界和平与稳定的重要因素，经济上双方存在很大的互补性。中国今后十年有宏大的经济建设计划，需要从国外进口大量的先进设备、技术和必要的原材料，1991年，中国从国外进口达638亿美元。“因此，中国与西欧经济合作的前景是十分广阔的。”两位总理满意地回顾了两国关系的改善和发展，强调加强两国领导人互访和直接对话对发展关系的重要作用，表示双方将采取积极措施，推动两国的合作持续稳定地向前发展。

1月28日，李鹏总理对意大利的访问进入第三天，人们称这一天为“中意经贸活动日”。上午李鹏总理在他下榻的宾馆会见伊利集团董事长佛朗科·诺比利。伊利集团是意大利最大的国家参与财团，有职工40多万人，对意大利经济有着举足轻重的影响，同中国建立了密切的合作关系。李鹏总理还会见了埃尼集团董事长加布列莱·卡利亚里。埃尼集团是意大利第二大国家参与财团，在中国南海钻探石油取得了较好成果，两个钻井平台年开采300万吨优质原油。随后，李鹏总理来到坐落在罗马新区的意大利工业总联合会所在地，该联合会是有 12万个大、中、小型私营企业参加的组织，其中许多企业同中国有合作关系，不少企业还在中国开办了合资企业，中国人熟知的“菲亚特”就是该联合会的一个成员。李鹏总理同联合会主席塞尔焦·皮宁法里纳和一批企业家长时间会见，并出席午餐会。李鹏总理向意大利企业家介绍了中国的政治和经济形势，表示中国将进一步开放，改善外商投资环境，希望中意合作的方式增多，欢迎意大利企业家去中国投资。听了李鹏总理的一席话，意大利企业家们对意中两国经贸关系的发展前景普遍看好。

1月29日上午，李鹏总理与瑞士联邦主席勒内·费尔贝举行会谈。两位领导人对目前两国友好合作关系的状况感到高兴，并表示了进一步发展这种关系的愿望。

李鹏总理表示："中国和瑞士尽管社会制度、意识形态不同，但这并不妨碍两国进行对话和合作。中瑞双方没有根本的利害冲突，双方之间的共同点是主要的，我们应当求同存异，在互相尊重和平等互利的基础上进行合作。"李鹏总理强调："中国政府重视同瑞士发展友好合作关系，进一步推动两国友好合作关系的发展是我这次访问贵国的目的。"出席会谈的瑞士联邦经济部长德拉姆拉告诉李鹏总理，瑞士经济界对发展两国经贸关系兴趣很大，打算 1992年7月率领一个由联邦议员和企业界有影响人士组成的高级经济代表团访华，以推动两国经贸关系的发展。

中午，瑞士联邦主席勒内·费尔贝在国宾馆举行午宴款待李鹏总理一行。费尔贝主席在宴会上即席讲话，感谢李鹏总理前来瑞士进行访问，并出席达沃斯"世界经济论坛"年会。他说："瑞士是一个仅有674万人口的小国，而中国是一个有11.4亿人口的大国，这一巨大的差异并未影响我们发展关系，发展同中国的关系对瑞士来说是重要的。瑞士是一个靠外贸为生的国家，90%的收入来自外贸。因此瑞士不能把自己局限在欧洲，而是要面向世

1997年4月，作者出席日内瓦人权会议时发言。

界。瑞士愿意同经济实力日益增强的中国保持和发展友好、密切的关系。”

李鹏总理在致答辞时表示：“一个强大的中国是世界和平与稳定的重要因素；一个繁荣昌盛的中国将会为世界提供一个更大的市场。”

瑞士的政体是政府由七个联邦委员分任各部部长，联邦主席由部长们轮流担任，一年换一个。李鹏总理访问瑞士时，会见的联邦经济部长巴斯卡尔·德拉姆拉是我的老朋友。80年代初他曾率领瑞士知名人士代表团访华，由中国人民外交学会接待，我作为翻译全程陪同了他们。这次，李鹏总理会见他时，德拉姆拉把我认出来了，我们进行了简短的交谈。1996年初我到中国常驻联合国日内瓦代表处当大使，出席了这一年的达沃斯世界经济论坛年会。年会期间，瑞士联邦主席邀请与会政要午餐，我出席了。午餐会的主人，瑞士联邦主席，就是德拉姆拉。那次见面我们谈的时间就比较长了，谈得很开心。他知道我到日内瓦当大使，很高兴。我邀请他们夫妇和当年随同他一起访华的瑞士知名人士夫妇，到我官邸做客。大家在一起叙旧，回顾80年代初对中国的访问，以及中国后来的大发展，大家都很开心。德拉姆拉也回请我和我的夫人，到瑞士联邦主席府做客。

德拉姆拉是一个热爱生活、很重友情、豁达豪爽的瑞士人。但不幸的是，不久之后他身患绝症。治疗一段时间后，病情有所好转，他又邀请我到瑞士一家很有名的法国餐馆的厨房里去吃晚饭。在瑞士最高级、最私密的小型晚餐，是在厨房里进行的。大夫不许他喝酒，那天晚上他开了戒。我们在一起开怀畅饮，谈古说今，只字不提生病的事。那顿晚饭我们吃到很晚才结束，在分手的时候，我突然有一个不祥的预感，这可能是我们最后一次见面了。果然，不久之后，他就离开了人世，我给他夫人发去了唁电，对这位老朋友的去世表示了沉痛的哀悼。

1992年2月2日至7日，李鹏总理访问了葡萄牙和西班牙。葡萄牙总统苏亚雷斯夫妇设国宴款待李鹏总理夫妇一行。

2月2日李鹏总理抵达葡萄牙首都里斯本，继续他的西欧四国之行，这是中国总理首次访问这个国家。2月3日下午，李鹏总理与葡萄牙总理卡瓦科·席尔瓦在总理府举行内容广泛的正式会谈。关于中国与欧共体、中国与葡萄牙的合作，李鹏总理认为，中国与欧共体的经济有很大的互补性，双方发展经贸关系的潜力很大。席尔瓦总理赞赏中国在现代化建设中取得的成就，并表示欧共体愿意加强同中国的经贸关系。随后，举行了中国政府和葡萄牙政府关于鼓励和相互保护投资协定的签字仪式，中国对外经济贸易部部长李岚清与葡萄牙商业和旅游部部长法利亚·德奥利维拉分别代表两国政府在协定上签了字。协定指出，为发展中葡间经济合作，两国政府鼓励和保护双方投资者在对方国家的投资并为之创造良好条件。

2月4日上午，李鹏总理会见了葡萄牙工业协会主席乔治·罗萨·德马托斯。李鹏说，中国欢迎葡萄牙企业家到中国去投资，开办独资或合资企业。

中国的公司也可以到葡萄牙来开办独资和合资企业。他认为，中葡2月3日签订的投资保护协定是为了进一步推动双方在经贸领域的合作。德马托斯认为，葡萄牙的企业家十分愿意与中国扩大在经贸领域的合作。

2月4日晚，葡萄牙总统马里奥·苏亚雷斯夫妇刚从印度访问归来半小时，就在总统府亲切会见并宴请李鹏总理夫妇一行，热烈欢迎李鹏总理的来访。

苏亚雷斯先生我1980年就认识了他，他时任葡萄牙社会党总书记。1980年中国人民外交学会邀请他访华，我当时在外交学会欧洲处工作，作为翻译全程陪同了他。我们一起去八达岭长城参观，他兴致勃勃，登上了八达岭最高的烽火台，此时他已经快60岁了。

苏亚雷斯总统夫妇和李鹏总理率领的中国代表团的成员一一握手。当轮到我的时候，苏亚雷斯总统夫妇竟然把我认出来了，很高兴地与我谈起了12年前访华的回忆。

2月5日，李鹏总理抵达西班牙。在正式会谈前，李鹏总理与冈萨雷斯首相进行了大约一小时的单独会谈。随后，他们就国际形势和双边关系广泛深入地交换了意见。关于双边关系，李鹏总理说："近两年来，中西关系虽曾经历短暂的困难，但恢复较早，发展的势头很好。"他认为，中西两国没有根本的利害冲突，两国对国际问题的看法有许多一致或相似之处。两国经济上互补，进一步发展双边关系有很大的潜力，两国经贸合作正在深入发展。冈萨雷斯首相对中国的改革所带来的巨大变化和取得的突出成就表示钦佩，认为中国在国际上是一个稳定的因素。他希望西中两国在加深相互了解的基础上，进一步发展在各个领域里的合作。他说，西班牙的企业家对去中国投资兴趣很大，西班牙政府对此持积极态度。西班牙还愿意为改善和发展欧共体与中国的关系而努力。冈萨雷斯表示支持恢复中国《关贸总协定》缔约国的地位。

2月5日下午2 时，西班牙国王胡安·卡洛斯一世和王后索菲亚在王宫会见并宴请李鹏总理和夫人朱琳。同日，中国和西班牙还签署了两个经济合作项目的合同，共利用西班牙混合贷款 3.6 亿美元。中国技术进出口总公司将从西班牙联合技术公司进口设备和技术，用于武汉钢铁厂的技术改造项目。这个项目的总金额为3.2亿美元。西班牙阿尔卡特有限公司则获得中国仪器进出口总公司的一份订单，向中国出口价值超过4000万美元的电话程控系统。

2月6日李鹏总理与西班牙首相冈萨雷斯再次举行会谈，这是两天来两位领导人第三次见面。李鹏认为，访问很成功，富有成果。冈萨雷斯同意李鹏的看法，认为这次访问有利于西中两国和欧共体与中国关系的改善和发展，双方签订的几项协议就是两国关系在发展的具体体现。两位领导人还商定今后要加强两国之间的人员来往，以推动双方的合作。

冈萨雷斯1982至1996年担任西班牙首相，是欧洲政界中较早看准了中国要崛起的一位领导人。就在1992年李鹏总理访问西班牙时，他在与李鹏总理的单独谈话中，就指出人民币将会成为世界上的主要货币之一。2011年以来，我在出席“21世纪理事会”（国际上一个著名的智库，有多名前政府首脑和国家元首参加）的历次会议中，与他有接触较多。他告诉我说：他同德国前总理施密特和科尔在上个世纪80年代和90年代有过多次接触，他们一致认为中国一定会崛起，并将会在世界上发挥重要作用。所以，李鹏总理这次访问西班牙的时候，冈萨雷斯首相三次会见他，绝非偶然。

## 同印尼复交，并与沙特、新加坡、以色列、韩国建交

我们在积极做工作，打破西方国家对我国制裁的同时，我们的眼光没有局限于制裁问题，而是注意捕捉各种外交机遇。当机遇出现的时候，我们不失时机地抓住机遇，开拓进取。在这方面最突出的是，我们在短短的一年多时间里，先后与印尼复交，与沙特、新加坡、以色列和韩国建立了外交关系。

1990 年8 月8日，我国同东南亚国家联盟最大的国家印度尼西亚恢复了中断了23年的外交关系。这是我周边外交工作的一大突破。中国和印尼复交，不仅是两国关系中的大事，而且极大地推动了中国同东盟国家关系的发展。

1990年7月21日，我国同中东地区的关键国家沙特阿拉伯建立了外交关系。1988年11月11日，中沙两国签署互设商务代表处谅解备忘录。1990年7月21日，国务委员兼外长钱其琛与沙外交大臣费萨尔亲王在利雅得签署中沙建交公报，宣布两国建

2011年7月10日，作者在新加坡出席慧眼中国会议时接受央视采访。

立外交关系，中沙关系揭开新的一页。中沙建交是中国外交在阿拉伯世界的一大突破。

1990年10月3日，我国与新加坡建立了外交关系。我国与新加坡早在70年代外交上就有来往，但未建交。新加坡方面表示，待东盟最大的国家印尼同中国复交后，再同中国建交。1990年8月8日，我国同印尼复交，中新建交就提上了议事日程。谈判很顺利，双方很快达成协议，10月建立了正式的外交关系。

1992年1月24日，我国与以色列建立了外交关系。以色列是承认新中国的最早的国家之一， 1950年1月9日，即新中国成立三个月后，以色列外长摩西·萨尔特就致电中国周恩来总理兼外长，表示以政府已决定承认中华人民共和国为中国合法政府，并愿与中国建立外交关系。但是，当时我们由于顾及同阿拉伯国家的关系，始终没有同意同以色列建立外交关系。在中国、以色列建交的时候，钱其琛外长曾经说：“在过去长达42年的时间里，我们没有同意同以色列建交。但以色列从未做过对不起我们的事情，这是很不容易的。”中国和以色列建交，是我国外交在中东地区取得的重大突破。

1992年8月24日，我国与韩国建立了外交关系。1950年朝鲜战争后，一直到80年代初，中韩两国不来往，韩国是中国外交的一个禁区。但是随着中国改革开放步伐的推进，中韩之间的民间往来不断地发展。1991年11月，中国外交部长钱其琛率团前往汉城（现在的首尔）参加在那里举行的APEC（亚太经合组织）第三届部长级会议，受到韩国总统卢泰愚的接见，标志着中韩两国的关系开始了正常化的进程。

同韩国建交，有一个处理好同朝鲜关系的问题。中国政府在这方面做得很周到，1992年4月，杨尚昆主席访问朝鲜时，当面向金日成主席打了招呼。中韩建交前夕，钱其琛外长还专程去朝鲜会见金日成主席，通报中韩即将建交，得到了金主席的理解。

1992年8月24日，中韩正式建立外交关系。就在这一天的上午，我作为外交部发言人在钓鱼台国宾馆举行记者招待会，宣布了《中韩建交公报》，并回答了记者的提问。

中韩建交是我国在东北亚方面外交上的又一大突破，不仅对于稳定朝鲜半岛的局势，而且对中韩经贸关系的发展都有极大的推动。1992年中韩两国的贸易额仅为64亿美元，到了2013年，已经突破了2742亿美元。

## 江泽民主席出席APEC首届领导人非正式会议

1993年11月，江泽民主席出席了西雅图亚太经济合作组织（APEC）领导人首次非正式会议并与克林顿总统举行了正式会晤。这是1989年之后中美两国元首第一次正式会晤，这一行动对进一步打破西方对华制裁发挥了关键作用。

90年代国际上十分流行一种说法：19世纪是地中海世纪，20世纪是大西洋世纪，21世纪是太平洋世纪。20世纪80年代末90年代初的世界正处在急剧变化之中。冷战结束后，经济全球化加速发展，区域集团化趋势也在增强。为加强亚太各国（地区）的经济合作，共同应对经济全球化带来的挑战，1989年1月由澳大利亚总理霍克访问韩国时首先提议，后在澳大利亚总理霍克、日本首相细川护熙和新加坡总理李光耀等人的共同倡议推动下，1989 年11月5日至

7日，澳、美、日、韩、新西兰、加拿大及东盟六国在澳大利亚首都堪培拉举行了亚太经济合作组织首届部长级会议，亚太经济合作组织成立。

1993年1月，年仅46岁的民主党人克林顿击败布什成为美国新总统。他在选举过程中曾发表了许多攻击中国的言论，甚至称中国政府是屠杀学生的“刽子手”，他还向他的选民承诺当选后便将人权问题与最惠国待遇挂钩，这都遭到了中国的强烈反对。然而，克林顿当选入主白宫之后，发现世界各国的领导人都在与江泽民主席打交道，而他碍于对华制裁，不能与江泽民主席直接接触，这不能不说是一大缺陷。

1991年12月20日，澳大利亚工党领袖保罗·基廷就任澳大利亚总理。基廷被人称为是“APEC之父”，成立亚太经合组织最早是他提出来的。他就任总理后，1993年说服了克林顿，在美国西雅图召开第一届APEC领导人非正式会议。克林顿欣然接受了他的建议，这样做的好处颇多，从美国来讲，一是可以成为APEC领导人峰会的首创国；二是可以会见江泽民主席。

1993年4月5日后，克林顿总统多次与江泽民主席通信。9月17日，克林顿再次致信江泽民主席，邀请他出席11月在西雅图举行的亚太经合组织领导人首次非正式会议。美方还表示将安排两国元首举行双边会晤。

中方经过慎重考虑后，认为江泽民应当接受克林顿的邀请，出席APEC领导人首次非正式峰会。

1993年11月19日下午，江泽民主席同美国总统克林顿在西雅图举行正式会晤。

克林顿在致欢迎辞后首先表示，他坚信美中两个大国应当建立建设性的关系，美方愿意在广泛基础上同中方进行坦率对话，寻求解决两国关系中存在的问题。他表示中国是一个拥有几千年文明的大国，现在正向21世纪的强国过渡，中美之间有许多共同利益，没有理由不搞好关系。

江泽民主席强调：“中美关系不仅是双边关系，还应该放在世界范围内，着眼于未来，着眼于21世纪来考虑。现在的世界，是一个不安定、问题很多的世界。20世纪的最后几年，有远见的、对人类负责的政治家们，如果对世界人民不做点什么事，是向历史交不了账的。”

随后，江主席指出：将一个什么样的中美关系带入 21 世纪，这不仅关系到中美两国人民的利益，也关系到世界和平与发展的大局。中美两国领导人需要登高望远来看待和处理两国关系。

这是APEC领导人首次非正式峰会期间，全球媒体最为关注的一次双边会晤。中美两位领导人会晤时，我作为外交部新闻司司长在现场，参加了会晤的全过程。

江泽民主席在出席 APEC 领导人非正式会议期间，还与日本、韩国、菲律宾、印度尼西亚、加拿大和墨西哥等一系列国家领导人进行了双边会晤。

回顾人民共和国成立以来外交上的精彩华章，可以清楚地看出以下三点：

一、创新伴随着中国外交的全过程

过去60多年，有三个创新的高潮：一是建国初期；二是改革开放初期；三是西方对我国制裁以来。创新思维使中国的外交出现了一篇又一篇的精彩华章。

二、邓小平为中国改革开放设计的外交大战略是何等的全面与缜密小平深刻地认识到中国要实行改革开放、大力开展国际合作，国际环境是至关重要的。如果某一个方面出了毛病，都可能对我国的改革开放和现代化建设带来不利的影响。国际环境涉及到双方，有的事情可以比较快地解决，有的则需要时间。譬如中苏关系就是这样，双方对抗了几十年，转圜要有一个过程。中英谈判香港问题也非常艰难，但只要我们方针正确，把坚持原则与策略灵活结合起来，该妥协的就妥协，最后取得了良好的结果。现在回头看，我们过去30多年的大发展，如果没有小平的外交大战略，这个大发展是不可能实现的。

三、中国外交善于处理逆境

一个国家的外交不可能是一帆风顺的，出现逆境、难题、挑战是必然的。中国外交的一个突出的特点是，我们从来没有被逆境、困难、挑战所压倒。处境越不利，中国外交的智慧越能大放光彩。

今天的中国来到了世界舞台的中心，我们的国力比过去增强了，但我们面临的难题、挑战也比过去多了。我相信，在新的形势下，继承毛主席、周总理，特别是小平给我们留下的外交遗产，中国外交一定能发扬创新思维的光荣传统，成功地应对各种挑战和困难，为中国外交开创一个崭新的局面，并为世界的和平与发展，为人类文明的进步做出自己的贡献。

图书在版编目（CIP）数据
纵横天下:话说《战国策》和当代中国外交/吴建民著——上海:上海锦绣文章出版社，2014,8
ISBN 978-7-5452-1562-5

Ⅰ. ①纵… Ⅱ. ①吴… Ⅲ. ①中国历史－战国时代－史籍②《战国策》－研究
③外交－研究－中国－现代Ⅳ. ①K231.04②D82

中国版本图书馆CIP数据核字(2014)第174346号

责任编辑　李 欣 詹明瑜
特邀审读　王瑞祥
整体设计　姜 明
图文制作　姜 明
图片提供　www.fotoe.com
专题链接撰稿　李秀蛟
督　　印　张 凯

纵横天下——话说《战国策》和当代中国外交
吴建民著

出　版　上海世纪出版集团 上海锦绣文章出版社
出　品　上海故事会文化传媒有限公司
（ 200020 上海市绍兴路74号 www.storychina.cn ）
发　行　世纪出版股份有限公司发行中心
印　刷　上海当纳利印刷有限公司
开　本　787×1092 1/16
印　张　16.25
版　次　2014年8月第1版
印　次　2014年8月第1次印刷
ISBN　978-7-5452-1562-5/K · 604
定　价　32.00元

**上海故事会文化传媒有限公司出品（00519）www.storychina.cn**

上海故事会文化传媒有限公司所有图书可办理邮购，免收邮费（挂号除外）
汇款地址：上海市南绍兴路74号(200020)；收款人：上海故事会文化传媒有限公司
联系电话：021-54667910
如发现本书有质量问题，请与印刷厂质量科联系 T：021-31166232